IM FELD

Joachim Zelter, 1962 in Freiburg im Breisgau geboren, studierte und lehrte englische Literatur in Tübingen und Yale. Sein literarisches Werk wurde vielfach ausgezeichnet, u.a. mit dem Thaddäus-Troll-Preis, dem Jahresstipendium des Landes Baden-Württemberg, dem Gisela-Scherer-Stipendium der Stadt Hausach im Schwarzwald. 2010 war er mit seinem Roman „Der Ministerpräsident" für den Deutschen Buchpreis nominiert. Seine Romane wurden mehrfach ins Französische, Italienische und Türkische übersetzt. Seit 2000 erschienen Joachim Zelters Bücher bei Klöpfer & Meyer. Zuletzt 2012, mit großem Erfolg „Untertan", 2013 und 2015 dann die beiden Novellen „Einen Blick werfen" und „Wiedersehen", 2016 sein auf vielfachen Wunsch wiederaufgelegter Kultroman „Briefe aus Amerika". „Im Feld", 2020 mit der 4. Auflage bei Klöpfer, Narr, wurde 2019 mit dem Preis „LiteraTour Nord" ausgezeichnet. Außerdem, zuletzt, erschien sein Roman „Imperia" (2020) ebenfalls bei Klöpfer, Narr. www.joachim-zelter.de

Joachim Zelter

IM FELD

Roman einer Obsession

k,n

Die einzige Würde des Menschen [ist die] *eigensinnige Auflehnung gegen seine Lage, die Ausdauer in einer für unfruchtbar erachteten Anstrengung.* […] *Sie begründet eine Askese. Und das alles für nichts, nur um zu wiederholen und um auf der Stelle zu treten.*

Albert Camus. Der Mythos von Sisyphos. Ein Versuch über das Absurde.

Prolog

Er war schweißüberströmt. In tänzelnder Ruhelosigkeit fuhr er um mich herum. Ohne abzusteigen. Seine Beine steckten in Klickpedalen. Er trug das Trikot eines Radvereins. Sein Rennrad hatte zahlreiche Aufschriften. Er wirkte orientierungslos. Als hätte man ihn soeben aufgeweckt. Offensichtlich war er schon seit Stunden unterwegs, im Taumel einer atemberaubenden Tour, nach zahlreichen Abfahrten und Steigungen. In immer enger werdenden Kreisen fuhr er um mich herum und fragte: Wo bin ich?

Wie bitte?

Wo bin ich?

Ich gab ihm die Antwort, und er fuhr weiter.

Rennradtreff. *Christi Himmelfahrt. Donnerstags um 10 Uhr. Der Radverein lädt ein. Auch Nichtmitglieder sind willkommen* … Susan hatte in einer Zeitung davon erfahren. Sie hatte mir die Zeitung sogar selbst gezeigt: Warum ich dort nicht einmal hinfahre und mich vorstelle? Oder einfach mitfahre? Und sie reichte mir die Zeitung.

Ob sie das nur zufällig gefunden hatte oder längst bemerkt hatte, dass ich es gewesen war, der diese Notiz schon seit Tagen entdeckt hatte. Wer weiß. *Auch Nichtmitglieder sind willkommen.* Und sie schaute mich an, wie man einen Menschen anschaut, der endlich seine Bestimmung gefunden hat.

Wir saßen am Frühstückstisch. Die Zeitung lag noch immer ausgebreitet, und Susan wunderte sich über mich: Warum meine Zurückhaltung? Warum war ich nicht schon längst bei meinen Rädern? In fieberhaften Vorbereitungen auf eine derartige Gelegenheit? Jetzt, wo wir endlich hier waren, in der Stadt meiner Träume, in Freiburg im Breisgau. Mit viel Aufwand waren wir hierhergezogen, mit mehreren Umzugswagen und mit den besten Vorsätzen. Draußen schien die

Sonne, und zum ersten Mal sprach Susan Freiburg mit Zuversicht, ja, in einem neuen Ton. Sie sprach es wie *Freisinn*, *Freiberg* oder *Freude*. Als würde sie sich tatsächlich freuen.

Auf einem Bücherbord lagen Tourenführer und Landkarten. Breisgau und Umgebung. Der Schwarzwald, der Kaiserstuhl, die Vogesen. Wie Speisekarten hatte ich diese Karten immer wieder studiert, die Summe spektakulärer Passstraßen und Touren. Möglichkeiten über Möglichkeiten, von denen Flachländer nicht einmal zu träumen wagen. Das Wort Hochschwarzwald war ein treibendes Wort gewesen, nicht einfach nur Schwarzwald, sondern Hochschwarzwald. Am Ende waren wir nur deshalb überhaupt hierhergezogen, wegen solcher Wörter.

Im Keller befand sich mein neues Rennrad. An der Decke hingen weitere Räder. Alles wohlgeordnet und bedacht. In einem Zustand ständiger Bereitschaft. Wie für eine solche Zeitungsanzeige gemacht. Susan folgte mir hinab, doch blieb ihr diese Welt nach wie vor fremd: meine vielen Räder, meine immer länger werdenden Rennradfahrten, meine zunehmende Beschäftigung mit Wattzahlen, Trittfrequenzen und Trainingsmethoden. Irgendwann konnte sie es kaum mehr glauben, dass das tatsächlich ich war, mit dem sie das alles erlebte: Ein Leben um Räder, Schaltungen und Kettenöle … –

und nicht enden wollenden Tagestouren, in die ich auch sie immer mehr miteinbezogen hatte, bis ihr all das völlig verleidet war, jeder Gedanke an Rennrad oder Fahrrad, selbst an die allerkürzesten Strecken.

Sie hatte Recht. Die Stadt ergab für uns keinen wirklichen Sinn, weder einen beruflichen noch einen privaten Sinn. Wenn überhaupt, dann ergab all das nur einen Radsportsinn. Wenn man sich dieser Stadt mit den Augen eines Radsportlers oder eines Radbesessenen nähert – dann ergibt das alles plötzlich einen Sinn: die Vielzahl an Strecken, die Berge und endlosen Ebenen, und all das auf engstem Raum. Teilweise beginnen die ersten Anstiege schon am Rande der Stadt. Nur einige wenige Pedalumdrehungen, und schon gehen sie los, nicht irgendwelche Hügel, sondern wirkliche Berge.

Ansonsten hatten wir kaum das Geld, um überhaupt hierherzuziehen. Wir hatten auch keinen Plan und keine wirkliche Vorstellung. Weder Bekannte noch Freunde. Nur Susan und ich und einige Reiseführer – und die besondere Art, mit der sie mir an diesem Morgen die Zeitung reichte.

Ich pumpte Reifen auf. Susan schaute mich an: in einer Mischung aus Anteilnahme, Ratlosigkeit und Verständnis. Als hätte sie nie etwas anderes erwartet. So blickte sie mich jetzt an. Sie brachte mir sogar mein frisch gewaschenes Radtrikot und meine schwarze Radhose, so, als wäre diese Ausfahrt ein erster Arbeitstag oder eine Art Antrittsbesuch. Sie reichte mir auch eine Broschüre der AOK, auf der dieser Radtreff noch einmal gesondert hervorgehoben war, mit Straßenangaben und den besten gesundheitlichen Empfehlungen.

Ich holte mein Rennrad und richtete es her: fixierte die Laufräder, schraubte an den Klickpedalen und ölte die Kette; füllte Wasserflaschen und holte aus der Küche einen Stapel Energieriegel. All das, was man so macht, wenn man sich auf eine längere Tour begibt.

Im Flur standen noch Farbeimer und Umzugskisten, doch Susan schob mich nach draußen und meinte, sie könne diese Kisten auch allein auspacken.

Wirklich?

Ja.

Sie winkte mir nach, nachdem ich endlich aufgestiegen und in den Pedalen war, und ich winkte zurück, bis wir uns nicht mehr sahen. Ich fuhr langsam und bedächtig, nicht wissend, in welche Richtung ich fahren sollte, ob ich überhaupt zu diesem Radtreff hinsollte, oder mich erst einmal in aller Ruhe allein einrollen. Noch über dreißig Minuten waren es bis zu diesem Treff. Laut Broschüre sollte man sich an einem Denkmal einfinden. Es handelte sich offenbar um ein Denkmal Martin Heideggers. So jedenfalls sah es aus. Zur Sicherheit schaute ich noch einmal nach: Heidegger-

Denkmal, 10 Uhr. Um Pünktlichkeit wurde gebeten. Ich schaltete einige Gänge runter, rollte immer langsamer, von Hausfrauen und Kindern auf gewöhnlichen Stadträdern überholt. Nur zur! Nur zu! Ich winkte sie vorbei. Als hätte ich einen Defekt oder würde noch einmal nach den Bremsen schauen. Jede Pedalumdrehung war eine Unschlüssigkeit, ein Hinauszögern. In der Tat: wie eine Einschulung. So fühlte ich mich. So hatte Susan mich losgeschickt. Als wäre das (nach unserem Umzug) ein erster Schul- oder Arbeitstag. Trotz Feiertag. Trotz Christi Himmelfahrt. Oder vielleicht sogar gerade deshalb.

Ich justierte noch einmal die Schaltung: Klick, klick, klick … Hochschalten und wieder runterschalten. Alles bestens. Die Kette geölt. Neun Gänge auf jedem Blatt. 27er-Ritzel. Begleitet von der Überlegung, zunächst einmal eine einfache Strecke zu fahren, Freiburg und Umgebung, und dies in aller Ruhe, ein gemütliches Einrollen, um einen Eindruck von der Gegend zu bekommen. So oder so ähnlich. Die Beine zu lockern und die Landschaft zu genießen. Nichts weiter.

Vor mir sah ich einen Rennradfahrer …, einen Fahrer, der so aussah, als könnte er tatsächlich zu diesem Treffpunkt fahren. Er wirkte entschlossen und im selben Moment verhalten. So wie ich selbst wahrscheinlich entschlossen und zugleich verhalten wirkte – wie wenn man sich erst einmal sammeln wollte. Alle ernstzunehmenden Radfahrer müssen sich erst einmal sammeln. Einrollen, durchschalten und sich sammeln.

Ich folgte ihm, nach links, rechts, geradeaus, durch Stadtviertel hindurch, die ich noch nicht kannte, bis weitere Radfahrer zu sehen waren. Und in der Tat. Da war es, das Denkmal des Philosophen. Heidegger mit einem Buch, auf einem Wanderstock gestützt. Ich ging in die Bremsen, um das erst einmal aus der Ferne zu beobachten: das Denkmal und die dort anwesenden Radfahrer. Fingerte an meinen Reißverschlüssen und an meiner Sonnenbrille. Neben mir die Bremsgeräusche weiterer Fahrer. Von überall her kamen neue dazu. Ein beiläufiges Aufschauen und Grüßen. Als hätte man mich erwartet oder würde mich bereits kennen. Was mir einerseits schmeichelte und mich zugleich beunruhigte. Um irgendetwas zu sagen, fragte ich nach dem Denkmal. Ist das hier Heidegger? Ist das hier das Denkmal?

Ja, ja, so die Antwort.

Was sollte es sonst sein.

Und ich nickte und stand in Heideggers Schatten, neben anderen Fahrern und anderen Schatten. Das Denkmal war eine willkommene Art der Umschreibung, des Abwartens, des Zögerns und Umkreisens. Um zur Not noch sagen zu können: Seinetwegen bin ich überhaupt nur hier. Nicht wegen dieses Radtreffs, sondern wegen ihm. Ein Anhänger seiner Philosophie. Zumindest ein interessierter Leser. *Sein und Zeit*, *Wegmarken* und *Holzwege*. Um nur einige seiner Schriften zu nennen. Mein Rennrad dagegen nur Beiwerk. Nicht der Rede wert. So wie der Spazierstock Heideggers.

Doch niemanden interessierte das.

Immer mehr Räder, die nun von allen Seiten auf uns zufuhren. Ein Heransurren von links, rechts, vorne, hinten. Fahrrad auf Fahrrad. Jetzt bereits eine beträchtliche Ansammlung, und ich war mittendrin. Glänzende Räder, farbige Trinkflaschen, leuchtende Trikots und funkelnde Sonnenbrillen. Man beachtete mich nicht oder schaute nur auf mein Rennrad. Taxierende Blicke auf technische Details: auf Rahmen, Laufräder und Schaltung. Blicke dieser Art. Radfahrerblicke. Vielleicht auch Blicke auf mein unbedarftes Trikot. Was trägt er für ein komisches Trikot?

Das Trikot war natürlich eine Lächerlichkeit im Vergleich zu den Trikots der anderen Fahrer: hell leuchtende, dick buchstabierte Trikots des hiesigen Radvereins, Trikots, die gar keinen Zweifel aufkommen lassen, dass dies der Inbegriff eines Vereins ist, eines wirklichen Radsportvereins. Mein Trikot dagegen nur ein mattes Grün. Die dünn gezogenen Pfeile wirkten darin fast zerbrechlich. Sie zeigten vage nach oben, doch dieses

Zeigen wirkte eher wie ein hilfloses Aufbegehren. So jedenfalls schaute man mich an. Oder schien mich anzuschauen, von Trikot zu Trikot. Vielleicht betrachtete man mich auch im Lichte der ersten Schwarzwaldgipfel, die von hier aus bereits zu sehen waren. Wenn er wüsste. Was das für Berge sind. Keine Autobahnbrücken, sondern wirkliche Berge.

Die meisten Fahrer saßen jedoch gelangweilt nach vorne gebeugt: Ellbogen auf den Lenker gestützt. Andere beäugten Rahmen, Schaltwerke oder Waden. Teilweise erschreckende Waden. Wie gemalt. Braungebrannt. Die Summe abertausender Trainingskilometer.

Vom Sockel des Denkmals aus wurde nun gesprochen. Ein Vertreter des Radvereins stand dort und hieß uns willkommen. Für alle, die neu seien, einige grundsätzliche Dinge: Jeder hat ein technisch einwandfreies Fahrrad mit funktionstüchtigen Bremsen und trägt einen Helm. Die Teilnahme erfolgt auf eigenes Risiko. Bei Materialschäden zahlt die Versicherung in der Regel nicht. Umsichtig fahren. Keine unnötigen Risiken. Wir wollen niemanden im Krankenhaus besuchen. Dies nur nebenbei. Oder vorweg. Und er erklärte: drei Gruppen. Eine langsame Gruppe mit einem 23er-Stundenschnitt, eine mittlere Gruppe mit einem 27er-Schnitt und eine schnelle Gruppe mit einem 30er-Schnitt. Im Zweifel immer in einer langsameren Gruppe fahren. Kein falscher Ehrgeiz. Frühzeitig Handzeichen geben. Links, rechts, Kreuzungen, Pfosten, Hindernisse … Windschatten fahren. Hintereinander, nicht nebeneinander fahren. In Zweierreihen. Die Gruppe bleibt zusammen. Den Anweisungen des Gruppenführers Folge leisten. Keine Extratouren. Bei Anstiegen gibt der Führer die Gruppe frei. Jeder fährt dann sein eigenes Tempo. Oben warten und wieder sammeln.

Irgendwelche Fragen?

Nein.

Nur ein nervöses Tänzeln der anwesenden Räder.

Die einzelnen Gruppenführer stellten nun nacheinander ihre Touren vor. Schnelle Gruppe, mittlere Gruppe, langsame Gruppe. Wörter wie Warmfahren, kleinere Anstiege und: je nachdem. Je nach Lust und Laune und Verfassung der Gruppe. Und schon hörte man von allen Seiten das Einrasten der Radschuhe in die Klickpedale. Klack, klack, klack. Und es bildeten sich – all die Räder nun kreuz und quer fahrend – die drei Gruppen.

Die Gruppenführer gaben Handzeichen. Langsame Gruppe hier. Mittlere Gruppe hier. Schnelle Gruppe hier!

Was mit mir sei?

Nichts.

Zu welcher Gruppe ich gehöre?

Zu keiner.

Man schob mich in die nächstbeste Gruppe hinein, als wäre mein Zögern reine Koketterie. Auf geht's! Klack, klack ... Meine Radschuhe rasteten in die Pedale, und ich setzte mich in Bewegung. Dann fuhren wir. Wie ein anfahrender Zug in der Ausfahrt aus einem Bahnhof. Aus dem Augenwinkel sah ich noch einmal das Denkmal. Heidegger schien uns nachzuwinken.

Ich hielt mich hinten. Eine Art Zuschauer oder Gast, der ich ja auch war. Vor mir etwa dreißig Fahrer. In Zweierreihen. In der Tat wie ein Zug, der nun die letzten Meter eines Bahnsteigs hinter sich lässt. Betont langsam fahrend. Fast überbetont langsam. Jedenfalls langsamer, als ich das erwartet hatte. Ich fühlte mich gut – auf eine angenehme Art sogar schläfrig. Nach Wochen zum ersten Mal so etwas Gleichklang und Ruhe. Keine Umzugskisten, keine Einwohnermeldeämter mehr, sondern Rennräder und gebeugte Rücken, in den Farben des hiesigen Radvereins. Trikot neben Trikot, Hinterrad neben Hinterrad ...

Und? Zum ersten Mal?

Wie bitte?

Zum ersten Mal dabei?

Ja. Und ich stellte mich vor: Staiger.

Was?

Frank Staiger.

Wie bitte?

So heiße ich.

Für einen Moment wusste er nicht, was damit gemeint war. Ich meinte meinen Namen, doch mein Nebenfahrer dachte bei Staiger an etwas ganz anderes. Er dachte an die Fahrradmarke *Staiger*, eine Marke, die ich weder fuhr noch kannte – weshalb er mich nun für eine Weile ratlos anschaute, mein Fahrrad genau inspizierend. So wie auch *ich* nicht sofort verstand, als er sich nun mit *Stevens* vorstellte. Er meinte nicht sich, sondern sein Rennrad, auf dessen Rahmen er deutete. Stevens. Er berührte den Rahmen, offenbar eine Besonderheit von Rahmen, so wie ein Musiker sein Instrument berührt. Ehrfurchtsvoll. Und an seiner Seite fuhren weitere Rahmen, die mich jetzt ebenfalls begrüßten: Storck, Klein, Look, Trek, Ghost …

Aus Göttingen?

Ja.

Man beäugte mein Trikot. *Radvereinigung Göttingen*. Mit den viel zu dünnen Pfeilen. Und man meldete das gleich nach vorne …

Göttingen.

Was?

Da kommt einer aus Göttingen.

Göttingen?

Ja, Göttingen.

Man schien derlei Städte zu sammeln. Städte, die von weither hierherpilgerten, um an einer Rennradfahrt teilzunehmen. Ein besonderer Fall. Als ein solcher wurde ich fortan behandelt. Mancher Fahrer ließ sich zurückfallen, um sich das genauer anzuschauen: *Radvereinigung Göttingen.* Dazu die aufstrebenden Pfeile. Allerhand.

Das Trikot war ein Ärgernis. Ich hätte es niemals anziehen dürfen. Immer neue Räder umkreisten mich nun. Simonelli, Bergamont, Rose … – Fahrradmarken aus Hochglanzprospekten, die mich in den Blick nahmen: Göttingen. In der Tat Göttingen. Denn jeder Eingeweihte weiß ja, was Göttingen für Radfahrer eigentlich bedeutet. Es bedeutet: nicht ein einziger ernstzunehmender Berg – weit und breit. Autobahnbrücken als einzige nennenswerte Erhebungen. Oder Parkhäuser. Sonst nur Flachland. Das Wort Radvereinigung allein schon deshalb eine Lächerlichkeit: eine Flachlandvereinigung, ein sinnloses Aufbegehren gegen die Erbärmlichkeit der norddeutschen Tiefebene und gegen das unsägliche Wetter.

In welcher Gruppe ich mich überhaupt befand? – fragte ich, um irgendetwas zu fragen. Ich fragte kaum anders als ein Reisender, der das einen Schaffner in einem immer schneller werdenden Zug fragen würde. In welchem Zug fahre ich eigentlich? Man gab mir zur

Antwort: in der mittleren Gruppe. Und mir schien das genau richtig. Mittlere Gruppe. Um die hundert Kilometer. Vielleicht auch ein wenig mehr. Je nach Wetter. 27er-Schnitt. Welliges Terrain.

So wurde mir das berichtet. Zumindest mein Nebenfahrer sagte das, immer noch der Fahrer mit dem kostbaren Rennradrahmen: *Stevens*. Er sprach jetzt von den vielen Neuerungen und Vorzügen dieses Rahmens, von dessen Leichtigkeit, Reaktionsfähigkeit und dem unglaublichen Vortrieb. Dass man mit ihm die Berge geradezu hinauffliege. Ja, fliege! Er war kaum mehr zu bremsen, schien mit seinem Rad geradezu verschmolzen. Und das schon seit Jahren. Zentaurengleich. So saß er auf seinem Fahrrad. Jemand rief nun von hinten: Stevens. Das ist Stevens. So fährt Stevens. Kein anderer als Stevens. Jeder nannte und kannte ihn hier nur noch als Stevens.

Stevens fuhr nun dichter an mich heran und erklärte: Landauer führe die Gruppe.

Wer?

Landauer.

Und das schien eine Besonderheit.

Warum?

Wie bitte?

Warum das so besonders sei?

Die Frage befremdete ihn. Da frage einer ernsthaft

bei einem Gruppenführer wie Landauer warum. Er fuhr kopfschüttelnd weiter, während ich mich nach Landauer umschaute, doch man informierte mich: Landauer sei noch gar nicht hier. Er sei noch unterwegs mit einer anderen Gruppe. An einem Feiertag wie heute führe er gleich mehrere Touren: eine Frühtour und dann eine spätere Tour. Er stoße nachher noch zu uns, in einer Art fliegendem Wechsel, von einer ersten Tour, die er irgendwo hinbringe, zu unserer Tour, die er dann persönlich übernehme. *Persönlich übernehme*. Das klang nach einer Zäsur. Wie ein neuer Lehrer, der eine Klasse übernimmt; oder ein besonderer Arzt, der eine Operation übernimmt. So klang das.

Stevens war wieder an meiner Seite. Eine Weile fuhren wir nebeneinander. Er schien zu lächeln, ob nun wegen der bevorstehenden Tour oder immer noch wegen meines Trikots. Die Pfeile auf dem Trikot waren der Gipfel von all dem. Zu allem Überfluss zeigten sie auch noch nach oben, auf Berge, die es in Göttingen weit und breit nicht gibt. Doch Stevens schien sich für diese Pfeile kaum zu interessieren. Er sprach immer noch von Landauer, dass es ein Glück sei, dass ein Fahrer wie er unsere Gruppe überhaupt führe, dass Landauer eigentlich ein vielbeschäftigter Mann sei, dass er sich bei einer längeren Ausfahrt wie heute grundsätzlich erst später einfinde, um die Gruppe dann zu übernehmen.

Die ersten zwanzig bis dreißig Kilometer seien ohnehin nur ein gemächliches Einrollen, ein Warmmachen. Bei diesen Präliminarien sei Landauer auch ganz deplatziert. Er komme erst dann, wenn wir bereits einige Kilometer unterwegs seien, wenn alle für ihn bereit seien. So wie ein Zug, der auf freier Strecke an eine Lokomotive angehängt werde.

Landauers Assistent leite einstweilen die Gruppe. Sein Assistent, Karl, der anscheinend jetzt in diesem Moment das Peloton noch führte. Man ahnte ihn eher, als dass man ihn tatsächlich sehen konnte, doch er fuhr in einem ruhigen Rhythmus, abwartend, nicht zu schnell, nicht zu langsam, während ich mich fragte, auf welchem Wege der neue Tourenführer nachher zu uns stoßen werde. Mit dem Zug? Oder mit dem Auto? Die Frage schien aus der Welt. Natürlich mit dem Fahrrad. Wie denn sonst. Er setze sich auf sein Fahrrad und komme. Er wisse genau, wo wir seien, dank GPS und dank Karl, der ihn über unsere Position jederzeit informiere. Jederzeit. Er fahre die Lücke einfach zu. Wie groß der Rückstand auch sein möge. Ich solle mir keine Sorgen machen. Ob nun zwanzig oder dreißig Kilometer. Es sei eine Hochgeschwindigkeitsfahrt. Ein 35er-Schnitt. Ein Zeitfahren. Für Landauer nur ein freudiges Warmfahren, keine wirkliche Anstrengung. Irgendwann sei er dann da und übernehme.

Ob ich Engländer sei? Fragte mich eine Stimme.

Engländer?

Ja, Engländer.

Nein Deutscher.

Göttingen schien ihm bereits England. Oder so gut wie England. Schon gar nicht mehr von dieser Welt. Er fand, dass ich mit englischem Akzent spräche, dabei sprach ich nur Hochdeutsch. Doch vielleicht klingt Hochdeutsch in dieser Gegend fast schon ein wenig Englisch. Allerhand. So jedenfalls sprach man über mich. Als wäre ich tatsächlich Engländer, der eigens hierhergekommen war, nur um an dieser Tour teilzunehmen, was niemanden zu verwundern schien. Da kommt einer von weither, um so etwas einmal mitzuerleben.

Es folgte eine Kombination enger Kurven, links, rechts, links. Handzeichen, die gegeben wurden, die von vorne nach hinten durch das Feld gingen. Mein Fahrradcomputer zeigte 30 Stundenkilometer. Für die anderen schien das kaum ein wirkliches Tempo, und selbst für mich war es kein allzu großes Tempo, eher eine Form von Ruhe und Rhythmus. Puls bei 125. Rhythmus. Die letzten Außenbezirke der Stadt zogen an uns vorbei. Wie aus einem Zugabteil betrachtet – Rhythmus. Oder wie von der Reling eines Schiffes, das langsam aus dem Hafen fährt, um erst später auf hoher See wirklich Fahrt aufzunehmen.

Zweierreihen.
Windschatten.
Und Rhythmus.

In dieser Art fuhren wir die ersten dreißig Kilometer, auf ebener Strecke, über die Rheinebene, bei gutem Wetter. Die Fahrer vor mir unterhielten sich in aller Beiläufigkeit. Kaum anders als Menschen, die morgens zur Arbeit fahren. Pendlergespräche. Vielleicht fahren manche nur deshalb hier überhaupt mit, um das Gefühl zu bekommen, zu irgendeiner Arbeit zu fahren, zu einer richtigen Arbeit, selbst an einem Feiertag. Um bei dieser Gelegenheit vielleicht ein paar Worte zu wechseln, mit wem auch immer, mit irgendeinem Radfahrer an der Seite, ohne dass das (wie im sonstigen Leben) weitreichende Folgen hat. Gespräche über Ritzel, Sattelstützen und Tretlager. Nichts Schlimmes kann daraus folgen, kein Zerwürfnis, keine Verwicklung, keine Enttäuschung, kein gar nichts. Man kann bereitwillig zustimmen, beipflichten, schweigen oder weiterfahren, bis zur nächsten Kurve oder bis zum nächsten Wortwechsel.

Zusammen fahre man weniger allein. Diesen Satz hörte ich irgendwo. Zwischen zwei langgezogenen Kurven. Oder glaubte ihn zu hören. Zusammen fahre man weniger allein. Denn allein sei man ja schon mehr als genug. Ob nun mit Fahrrad oder ohne Fahrrad. Und ich stimmte insgeheim zu, während ich im Fahrtwind immer noch den Namen Landauer hörte, der noch gar nicht hier war, über den man aber ausgiebig sprach. Man listete auf, welche Rennen er die letzten Jahre gefahren war: zahlreiche Rennen. Größere Rennen und kleinere Rennen. Überwiegend aber Langstreckenrennen, die über Tausende von Kilometern gehen und über Zehntausende von Höhenmetern. Und all das in beachtlichen Zeiten. Doch um Zeiten gehe es eigentlich gar nicht. Jedenfalls nicht in erster Linie. Nicht bei einem Fahrer wie Landauer. Und auch das Wort Rennen sei letztendlich irreführend. Es handle sich eher um ein in sich gekehrtes Fahren. Manchmal über viele Tage und Nächte. Es sei weder ein Fahren gegen sich noch ein Fahren gegen andere, sondern ein Fahren in sich selbst. Das sei es.

Und man nickte und schwieg. Oder sprach jetzt von Trainingslagern: Trainingslager auf Mallorca, Trainingslager auf Teneriffa oder noch weiter im Süden. Trainingslager über Trainingslager, um im Winter an Trainingskilometer heranzukommen, und seien es nur die allerspärlichsten oder allernotwendigsten Trainingskilometer beziehungsweise Grundlagenkilometer. Und ich hörte, je länger wir fuhren, immer weiter aufsteigende Zahlen: 4 000 Kilometer, 5 000 Kilometer, 10 000 Kilometer … Winterkilometer, Frühlingskilometer und

Sommerkilometer. Derartige Zahlen. Susan würde sofort sagen: Bußzahlen, Kasteiungszahlen, Entbehrungszahlen. Doch dies waren keine Bußzahlen, Kasteiungs- oder Entbehrungszahlen, auch keine Triumph- oder Siegeszahlen, sondern Zahlen reinster Freude.

So unterhielt man sich. Immer noch bei Tempo 30. In einem ruhigen Rhythmus. Um die 80 Pedalumdrehungen pro Minute. Abwinkende Bewegungen, wenn uns Autos zu nahe kamen. Oder wenn von anderen Dingen die Rede war, die einem Radfahrer in die Quere kommen können: Zum Beispiel ein Chef, der nicht freigibt. So ein Fahrer. Trotz aller Bitten oder Fürbitten, trotz des frühlingshaften Wetters. Er gibt nicht frei. Hat er denn keine Augen? Hat er denn keine Ahnung? Er sagte das nach links und nach rechts, nach vorne und nach hinten, teils achselzuckend, dann wieder aufbrausend – wie zu seiner Entschuldigung.

Und wieder eine Kombination aus Handzeichen und Kurven. Und dann hörte ich eine neue Stimme. Es war Landauer. Plötzlich war er im Peloton. Aus dem Nichts. Das ist Landauer. So der Fahrer neben mir. In einem irrwitzigen Tempo musste er uns eingeholt haben, ohne dass wir das überhaupt bemerkt hatten. Aus dem Nichts war er da. Er schwitzte nicht einmal. Einige Fahrer grüßten ihn lautstark, bei anderen war es nur ein lautloses Nicken. Er trug ein weißes Trikot, ein uraltes

Fabrikat aus den Siebzigerjahren, und fuhr sogleich nach vorne, wechselte einige Worte mit dem Assistenten, der ihn über den Stand der bisherigen Tour informierte. Sehr gut, sehr gut. Landauer nickte. Und der Assistent nickte mit ihm mit. Dann ließ Landauer sich zurückfallen, grüßte jeden einzelnen Fahrer, hob die Hand, munterte auf. Wie ein Arzt auf Visite. So wirkte das. Als wären das links und rechts Betten. Und Landauer ein lange erwarteter Arzt.

Na?

Wie geht's?

Wird schon.

Sehr gut.

Immer weiter grüßend.

Weiter und weiter.

Bis er mich begrüßte.

Staiger.

Wer?

Frank Staiger.

Er nahm das zur Kenntnis, betrachtete mein Radtrikot, dann mein Rad, und er schien zufrieden damit. Trotz meines Trikots. Trotz Göttingen. Ich wollte noch eine Erklärung zu dieser Stadt abgeben, doch er ließ sich weiter nach hinten fallen, grüßte, beäugte, korrigierte: Ferse weiter nach unten. In einen leichteren Gang schalten. Gut so! Weiter so! Vor- und wieder zurückfahrend. Schulter klopfend. Einzelne Fahrer immer noch korrigierend. Windschatten geben. In Zweierreihen. Windschatten halten. Windschatten! Dichter fahren! Rad an Rad. Und weiter!

Nach und nach wurde es ruhiger. Trotz Landauer. An dem Tempo änderte sich zunächst nichts. Ruhe und Rhythmus. Das war ganz in Landauers Sinne. Jeder in seinen eigenen Gedanken. Manche holten aus ihren Trikottaschen Müsliriegel. Wir fuhren kauend durch Dörfer, die ich nicht kannte, vorbei an den Resten einer Kirchenprozession. Im nächsten Dorf die nächste Prozession. Fetzen einer Predigt, die über Lautsprecher übertragen wurde. Das Wort Himmelfahrt. Und der Satz: Das Wort ist Fleisch geworden. Irgendein Pfarrer, der das in ein Mikrofon sprach. Fleisch geworden. Ich dachte nach über die Bedeutung dieses Satzes. Das Wort ist Fleisch geworden. Warum nicht umgekehrt? *Aus Fleisch ist ein Wort geworden …*

Fliegende Handzeichen, die gegeben wurden, dass weiter vorne ein Hindernis komme. Es bestand aus zwei aufrecht sitzenden Pedelec-Fahrern, an denen wir vorbeirauschten. Wie ein Zug an einer Bahnschranke. Oder galoppierende Pferde. Oder ein Delfinschwarm. Immer neue Vergleiche, die ich suchte. Wie in der Liebe, die in immer neuen Vergleichen nach ihrem Grund sucht.

Wir fuhren auf Landstraßen, Radwegen oder asphaltierten Feldwegen, in endlosen Kombinationen aus links, rechts, Kreisverkehr, Anstiegen, Abfahrten … Wir passierten Orte, die ich eigentlich (wenigstens von Landkarten oder Autofahrten) hätte kennen sollen. Ich erkannte sie nicht mehr wieder. Jedenfalls nicht inmitten des dicht gedrängten Pelotons – selbst vertraute Orte verändern sich hier, von der einen Kurve zur nächsten. Oder, wenn ich etwas erkannte (oder zu erkennen glaubte), dann erkannte ich es erst viele Kilometer später, wenn es längst vorbei war. Wie verspätete Einfälle oder ein ungläubiges Erwachen. Zunehmende Orientierungslosigkeit. Vor lauter Tempo, Windschatten und Hinterradhalten. Momente wie nach dem Erwachen aus einer Narkose.

Sie wurden operiert.

Wie bitte?

Sie wurden soeben operiert.

Ich wurde operiert?

Ja.

Und man fällt aus allen Wolken.

Weil man es nicht glauben kann.

Weil man nicht mehr weiß, wo man überhaupt ist. Oder *ob* man überhaupt noch ist. So auch jetzt. Als ob man soeben aufwachen und dann wieder einschlafen würde. Hätte ich jetzt gebremst und angehalten, ich hätte nicht mehr gewusst, wo ich bin.

Ein kurzer Wortwechsel mit einem grünblauen Rennrad. Es bestand aus dünnen Rohren und hatte eine klassische Schaltung. Die Schalthebel befanden sich unten am Rahmen – und plötzlich merkte ich, ich spreche mit einer Frau. Es verschwimmen die Unterschiede.

Mann und Frau.

Jung und Alt.

Fahrrad und Mensch.

Es verschwimmen die Unterschiede.

An der Spitze des Feldes wurde es nun unruhig. Die andere Gruppe. Landauer (oder sein Assistent an seiner Seite) hatte sie ausfindig gemacht. Es handelte sich um die schnelle Gruppe, 30er-Schnitt, die bei dem Heidegger-Denkmal vor uns gestartet war – nur wenige Hundert Meter von uns entfernt. In völliger Ahnungslosigkeit unserer Existenz. Wir waren ganz in ihrer Nähe. In manchen Momenten konnte man sie bereits sehen, sie zumindest erahnen. Und ich hörte nun, dass diese Gruppen keine Beliebigkeit waren, nicht nur eine Frage von Distanzen oder Durchschnittsgeschwindigkeiten, sondern auch von fundamentalen Trainingsmethoden und Radsportphilosophien. Beginnend mit der Frage der richtigen Trittfrequenz. Ob eine hohe oder geringere Frequenz? Derlei Fragen. Bis hin zu der Frage des Gruppenführers. Ob nun Landauer oder ein anderer Führer. Denn Landauer sei nicht irgendjemand, und das hier sei auch nicht irgendeine Gruppe. Man möge sich von Präliminarien oder Äußerlichkeiten nicht täuschen lassen, etwa von den Bezeichnungen *27er-Schnitt* oder *mittlere Gruppe*. Das heiße nichts. Das seien nur vorläufige Werte: Schätzwerte, Empfehlungswerte oder Richtwerte. Daraus könne auch etwas ganz anderes werden, unter der Ägide eines Menschen wie Landauer. Seinetwegen seien viele überhaupt nur hier, in dieser Gruppe, und nicht wegen *27* oder *mittel*. *27* bedeute nicht unbedingt *27*, und *mittel* bedeute nicht unbedingt *mittel*. Schon gar nicht bei einem Fahrer wie Landauer. *27* und *mittel*, das sei vielmehr ein Luftholen und Anlaufnehmen: zu ungeahnten Manövern und Tempoverschärfungen …

Und ich spürte nun eine Straffung des Feldes. Wie eine Kette, die sich anspannt und sich immer weiter auseinanderzieht. Die Tempoverschärfung war jetzt überall spürbar. Jeder Einzelne stimmte in sie mit ein. Um keine Lücke entstehen zu lassen. Um nicht abreißen zu lassen. Der Tacho bei 32 Kilometern. Dann bei 35 und 37 Kilometern. Der Pulsmesser schoss nach oben.

Er holt sie sich. Die schnelle Gruppe. Landauer holt sie sich. Jetzt bei 40 Kilometern. Und das Tempo steigerte sich immer mehr. Zweierreihen. Und die Angst, dass das Feld mit einem Ruck auseinanderfliegt. Da man den Anschluss an den Vordermann verloren hat.

Also in die Pedale treten. 43 Kilometer. Und die Stimme Landauers: Los, Leute! Wir haben nicht einmal angefangen! Nicht einmal angefangen. Und er lässt sich mit seinem Assistenten zurückfallen. Und die nächsten beiden stehen im Wind. Nur wenige Sekunden. Sie geben alles. Fahren mit ganzer Kraft und lassen sich dann ebenfalls zurückfallen. Und die nächsten beiden. So rückt man immer mehr auf. Wie in einer Warteschlange. Immer weiter nach vorne kommend. Und plötzlich bin ich völlig nackt. Ohne irgendjemanden vor mir. An der Spitze des Feldes. Im Wind! Ein Schlag ins Gesicht. Eine unsichtbare Wand, gegen die man fährt. Als würde jemand in die Räder greifen und mit aller Macht bremsen. Und ich versuche, das irgendwie auszugleichen. Unter den wütenden Rufen Landauers. Mehr in die Pedale gehen. Mehr! Mehr! Gegen diese Bremswand irgendwie aufzubegehren. Ein Zerren am Lenker. An der Grenze der Besinnungslosigkeit. Bis der Fahrer neben mir das Zeichen gibt. Genug. Sich zurückfallen lässt. Was einem Kollaps gleicht. Auf offener Straße. Bei Tempo 45. Ein Zusammenbruch. Das Einstellen aller Anstrengungen und Bemühungen. Und das nachrückende Feld jetzt an uns vorbeifliegt.

Zwei, drei Sekunden Pause. Die Lächerlichkeit dieser geringsten aller nur geringstmöglichen Pausen. Und man im nächsten Moment wieder alles geben muss, um an das Feld überhaupt wieder heranzukommen. Von hinten heranzukommen. Mit der allerletzten Kraft wieder an die letzte Stelle zu gelangen. Es ist eher ein Robben oder Torkeln als ein geordnetes Kommen. Und weiter so. Das Feld jetzt eine ständige Rotation. Wiederaufrücken, Wind und Zurückfallenlassen … Wiederaufrücken, Wind und Zurückfallenlassen …

Ein Außenstehender würde vielleicht sagen: ein geschmiertes Uhrwerk. Ein Räderwerk. An Zusammenarbeit und Harmonie. Doch jedes einzelne Teil ist kurz vor dem Bersten. Oder Platzen oder Reißen oder Kollabieren. Oder Explodieren oder Implodieren. Wir haben nicht einmal angefangen! Der Irrsinn eines solchen Satzes. Und zum ersten Mal der Gedanke: einfach eine Pedalumdrehung auszulassen. Oder aus dem Peloton unmerklich auszuscheren. Sich aufrechten Sitzes zurückfallenzulassen mit dem Satz: ohne mich. Ich entschwinde. Ich lass das Rad ausrollen und lege mich in eine Wiese und schaue in den Himmel.

Es genau so zu machen, dachte ich. Aber nicht der Erste zu sein. Und auch nicht der Einzige. Sondern erst einmal abzuwarten. Ob nicht irgendein *anderer* abbricht. Und ich es ihm dann gleichtue und nach ihm schaue, mit der größtmöglichen Fürsorge, und ihn frage: Ob alles in Ordnung sei? Und wir gemeinsam kopfschüttelnd dem Feld hinterherschauen, wie einem davonfahrenden Zug, den wir nie mehr erreichen werden. Nie mehr.

Doch es gab keinen, der abreißen ließ. Keine Anzeichen einer Schwäche. Mein Rad schien zu vibrieren. Nicht nur wegen der Anstrengung, sondern aufgrund des reinen Tempos. Als ob mir das Rad im nächsten Moment um die Ohren flöge. So wie ich mir selbst bald um meine Ohren fliege. Und das gesamte Peloton uns allen um die Ohren fliegt. Und der Gedanke: dass jeder Einzelne im Feld so denkt wie ich. Satz für Satz, Wort für Wort. Dass jeder Einzelne sich fragt: warum? Warum dieses Tempo? Warum überhaupt? Und jeder nur darauf wartet, dass irgendjemand (endlich!) abreißen lässt. Damit alle anderen es ihm gleichtun können. Doch trotz allem kein Einziger abreißen lässt. So sehr man auch darauf wartet und darum betet. Meter für Meter. Auf das kleinste Anzeichen einer Schwäche hoffend. Die aber nicht kommt. Weil sie nicht vorhanden scheint. Außer der eigenen Schwäche.

Und es nicht nur *unsere* Gruppe ist, die so denkt, sondern auch die schnelle Gruppe, die mit dem 30er-Schnitt, die unsere Verfolgung längst bemerkt hat und die nun ihrerseits mit aller Macht Tempo macht, ein noch viel nachhaltigeres Tempo als wir selbst. Und auch jeder Einzelne in *dieser* Gruppe irgendwann so denkt: warum? Warum überhaupt? Auf irgendeine Schwäche des anderen wartend. Oder auf eine Schwäche unseres ganzen Feldes. Jeder – am Ende seiner Kraft – auf irgendeine Schwäche eines anderen hoffend, ja, darum betend. Bitte! Bitte!

Und dann die Frage der Blitze. Ob das nur optische Täuschungen waren. Oder Sehstörungen. Oder tatsächlich die Blitze eines Radargeräts. Als wir in die Einfahrt eines Dorfes schossen. Ein wahres Blitzlichtgewitter. Und Landauers Aufschrei. Kein Angstschrei, sondern ein Freudenschrei. Oder Wutschrei. Nur zu. Blitze über Blitze über Blitze. Es schien ihm eine Genugtuung.

Ab dann keine wirklichen Erinnerungen mehr. Endlose Felder. In Schwarzweiß. Und wir in Zweierreihen durch sie hindurch. Oder über sie hinweg. Wie über ein Meer. Und dann so etwas Ähnliches wie ein Ruf. Land in Sicht. Der Ruf von einem Mast. Und wenig später weitere Rufe. Von uns weg und wieder zu uns hin. Laute Ausrufe. Und da war sie, die schnelle Gruppe. Wir zogen an ihr vorüber. Kaum anders als ein Mercedes, der lächelnd an einem anderen Auto vorbeizieht. Na!? Landauers Stimme – und eine andere Stimme aus der anderen Gruppe. Na!? Eine Weile ging es hin und her. Wie zwei Schiffe auf offener See fuhren wir nebeneinander her. Tauschten uns aus. Richteten uns auf. Jetzt bei nur noch etwa 35 Kilometern. Ein geradezu gemächliches Tempo.

Wohin des Weges?, fragte Landauer.

Trinkflaschen, die gehoben wurden.

Als würde man sich zuprosten.

Ein Inbusschlüssel, der von der einen Straßenseite auf die andere geworfen wurde. Landauer fing ihn auf und zog damit eine Schraube an. Während die anderen in unserer Gruppe aus ihren Trikottaschen wieder Müsliriegel zogen. Auch ich. Wir saßen in einer Art Pause, bei Tempo 30, zwischen zwei Dörfern, auf einer entlegenen Straße. Dann warf Landauer den Inbusschlüssel wieder zurück, hob seine Hand zum Abschied, und wir bogen abrupt nach rechts, in eine andere Straße, während die schnelle Gruppe winkend weiterfuhr.

Die folgenden Kilometer in einem ruhigeren Tempo. Eine Art Mittagschlaf. Stille im Peloton. Nur das Surren der Räder. Keine Ahnung, wo wir genau waren. Dorf auf Dorf, Brücken, Linkskurven, Rechtskurven, Straßen, Querstraßen, Parallelstraßen. Einmal gingen wir mitten in einem Dorf in die Bremsen. Eine Hochzeitsgesellschaft, die sich auf der Straße versammelt hatte. Landauer war außer sich. Nicht nur wegen der Störung unserer Fahrt, sondern wegen der Hochzeit als solcher. Muss das denn sein. So seine Worte. So seine Bewegungen. Muss das denn sein. Eine Hochzeitsgesellschaft. Im Wiegetritt zog er das Tempo wieder an, immer noch mit dieser Hochzeit beschäftigt. Für ihn ein hanebüchener Irrsinn, eine Unbegreiflichkeit.

Dann wieder endlose Kilometer: Straßen, Brücken, Unterführungen, Tempoverschärfungen, das Geblitze von Radarfallen und Landauers Freude darüber – und irgendwann meine Verwunderung über die Absonderlichkeit seines Fahrrades, das ich nun zum ersten Mal in den Blick nahm. Es handelte sich um gar kein wirkliches Rennrad, sondern um ein undefinierbares Straßenfahrrad, ohne Schutzblech, aber mit breiten Reifen, ein völlig gewöhnliches, geradezu schwerfälliges Fahrrad, und man erklärte mir: Er fahre dieses Fahrrad mit voller Absicht. Um sich zu fordern. Oder Erfüllung zu finden. Oder ein wenig Anstrengung. Um es in einer solchen Gruppe überhaupt auszuhalten; um bereit zu sein, eine solche Gruppe zu führen. 27er-Schnitt. Für einen Fahrer wie ihn sei das eine ständige Beeinträchtigung und Begrenzung. 27er-Schnitt. Er müsse fast bremsen, um einen solchen Schnitt überhaupt halten zu können.

Natürlich habe er auch ein Rennrad, nicht nur *ein* Rennrad, sondern zahlreiche Arten und Varianten von Rennrädern, die er hervorhole, wenn es zur Sache gehe.

Wann gehe es zur Sache?

Was?

Wann gehe es für Landauer zur Sache?

Wenn er Rennen fährt.

Ob nun in Frankreich, Italien oder Norwegen. Rennen über Rennen, auf der ganzen Welt. Sogar ein Rennen durch Sibirien … Und die nächste Kombination enger Kurven am Rande eines Dorfes. Links und rechts, und hoch und runter, und vorbeiziehende Bilder: Landschaftsbilder oder Plakatbilder. Eine bildschöne Frau, die von einer Plakatwand herunterlächelte und etwas sagte, als würde sie uns aufmuntern oder loben. Ich verstand kein Wort, weil das nicht Deutsch war, in dem sie das sagte, sondern Französisch. Wir waren jetzt irgendwo im Elsass, in Frankreich, immer weiter Richtung Westen fahrend. Vor uns sah man die ersten Berge der Vogesen, denen wir nun näherkamen.

Er lasse sich das wohl kaum mehr nehmen, hörte ich eine Stimme sagen.

Was?

Wenn wir schon einmal hier in Frankreich seien, so die Stimme, dann doch wohl auch ein Vogesenberg. Die Idee reifte mit jedem weiteren Kilometer zur Gewissheit. Ein Vogesenberg. Je deutlicher sich die ersten Straßen und Häuser an den Ausläufern der Vogesen abzeichneten. Ein grünes Trikot fuhr an mich heran und deutete nach vorne, als wäre das alles schon längst beschlossen, zumal an einem Feiertag wie heute. Er sagte nicht Himmelfahrt, sondern Auffahrt. So wie man das in dieser Gegend anscheinend sagt. *Auffahrt.* Und er fügte hinzu: Das sei heute kein guter Tag. Jedenfalls kein guter Tag für einen schlechten Tag. Man habe einen solchen Tag heute besser nicht. Und das Trikot fuhr weiter.

Mein Tacho zeigte 87 Kilometer, die wir bereits gefahren waren. Ich überschlug im Kopf, was für eine Tagesdistanz das ergeben würde: 175 Kilometer. Und ein Vogesenberg. Eine (für mich) gerade noch irgendwie mögliche Distanz. Eigentlich schon zu viel. Genaugenommen war ich noch nie eine solche Strecke gefahren. Ich wagte kaum, weiter daran zu denken. *Wir haben nicht einmal angefangen.* Diesen Satz hörte ich noch. Und ich blickte zustimmend. Wir haben nicht einmal angefangen.

Gare. Bahnhof. In einem Ort namens Cernay sah ich dieses Schild. Und noch einmal ein solches Schild. Gare. Bahnhof. Und Bahngleise. Und ich sah das wie eine letztmögliche Ausfahrt. Vielleicht gab es ja von hier aus eine Bahnverbindung nach Mulhouse, und von Mulhouse dann nach Basel, und von dort aus weiter nach Deutschland, wieder zurück nach Freiburg. Mit ausgestreckten Beinen in einem Zugabteil sitzend. Ein Stück Kuchen essen. Und durchatmen. Und an Susan eine SMS schreiben, dass ich bald wieder nach Hause komme. Naheliegende Möglichkeiten … – nur wenige

Meter von mir entfernt. Mit einigen wenigen Pedalumdrehungen wäre es möglich gewesen, dorthin zu fahren. Ein leichtes Winken und leises Abschiednehmen. Bis dann. Bis irgendwann … In der größtmöglichen Unauffälligkeit eine Pedalumdrehung einfach auszulassen und das Rad ausrollen zu lassen, in eine Nebenstraße, um dem Peloton ohne jedes Aufheben zu entschwinden. Das Feld weiterfahren zu lassen. Dank einiger weniger Pedalumdrehungen, die man auslässt. Eine und noch eine und noch eine Umdrehung. Als würde man von einem Schiff ins Meer springen, um die Kühle des Wassers zu genießen.

Doch ich ließ keine Umdrehung aus, nicht einmal eine halbe Umdrehung, sondern fuhr weiter, so wie die anderen auch. Alles ruhig. Als wären diese Schilder ohne Bedeutung. Gare. Mulhouse. Ohne jede Bedeutung. So fuhren wir die nächsten 20 Kilometer: Cernay, Thann, Bitschwiller …

Dass Landauer … So hörte ich, im Gleichklang surrender Räder und klickender Schaltgeräusche. Dass Landauer … Wieder und immer wieder begannen derartige Sätze. Wie zu seiner Erklärung oder Rechtfertigung. Dass er Unmengen an Reifen und Ketten verbrauche, ja, geradezu verschleiße, weil er bis zu 20 000 Kilometern im Jahr fahre. Um den halben Globus.

Er sei ein *Randonneur*.

Das ist ein Langstreckenfahrer.

Einer, der fahre und immer weiterfahre, und uns zeige, was auf einem Fahrrad alles möglich sei: an Tempo, an Durchschnittsgeschwindigkeit und Durchhaltevermögen. Oder besser: *Aushaltevermögen*. Was ein Mensch alles auszuhalten vermag an Distanz, Kälte, Schmerz und Entbehrung. Und wie Landauer dieses Vermögen nicht nur bei sich selbst entdeckt und entwickelt habe, sondern es auch an andere weitergeben könne.

Während Landauer immer noch ganz vorne fuhr und an seinem Navigationssystem hantierte, als hätte er mit all dem nichts zu tun. Weder mit all diesen Distanzen noch mit den Stimmen im Peloton …

Dass man ihm …

Ja.

Dass man ihm die schnelle Gruppe einfach genommen habe, wegen irgendeines ungebührlichen Verhaltens. Vor nur wenigen Monaten. Dass das für große Verstimmung gesorgt habe, ihm diese Gruppe, *seine* Gruppe, einfach wegzunehmen. Dass er jedoch zahlreiche Anhänger habe, die jetzt einfach in *dieser* Gruppe mit ihm fahren … Trotz 27er-Schnitt. Und obgleich er diese Gruppe offiziell auch gar nicht führen dürfe. Seine Anwesenheit hier sei eigentlich nur informeller Natur, eine Art Zugabe, Beistand oder Beratung. Dass jedoch gerade deshalb immer mehr Fahrer dazukämen, jede

Woche einige mehr. Dass diese Gruppe mittlerweile weit mehr sei als nur eine gewöhnliche Gruppe, vielmehr schon eine eigene Welt, eine unverwechselbare Gemeinschaft, eine Rennradgemeinschaft. Er wiederholte das: *Rennradgemeinschaft.* Zu allem fähig und zu allem bereit. Während seine ehemalige Gruppe langsam vor die Hunde gehe, von inkompetenten Gruppenführern zugrunde gerichtet werde. Dass man dort nur noch Samthandschuhe anlege. Alles und jeden in Watte packe. Eine Welt der Schonwaschgänge und Weichspüler und der Flachetappen. Dass man alle Berge der ersten Kategorie einfach gestrichen habe, ohne einen nachvollziehbaren Grund, und man die wenigen verbliebenen Bergetappen nun mit Atem- und Yogaübungen unterbreche …

Er war außer sich.

Dabei habe Landauer durchaus Verständnis, wenn ein Fahrer einmal müde oder angeschlagen sei oder einen schlechten Tag habe. Das könne ja vorkommen. Wenn ein Fahrer einen Infekt oder private Probleme habe. Landauer verstehe das. Als zum Beispiel ein Mitfahrer im Schlussanstieg eines Alpenpasses nicht mehr konnte und Landauer sich zurückfallen ließ und ihn aufmunterte und Windschatten spendete, ihn irgendwie über die Passhöhe schleppte – und wie dieser Fahrer schon in der nachfolgenden Abfahrt ein neuer Mensch war. Ein neuer Mensch.

So der Fahrer neben mir. Und er deutete jetzt nach Deutschland zurück: eine Stichstraße den Schwarzwald hinauf. Landauers Straße. Sie sei sogar nach ihm benannt: die *Landauerrampe*. Die steilste Rampe weit und breit. Hunderte von Höhenmetern auf nur wenigen Kilometern. Bis zu 25 Prozent Steigung. An manchen Stellen sind es sogar noch mehr. Mörderische Serpentinen und Steilstücke. Man schaltet in rasender Folge runter und immer weiter runter, bis kein Gang mehr übrig ist und das Vorderrad sich hebt. Und es hebt sich immer bedrohlicher. Man hält sich an den Gedanken, dass eine solche Steigung ja gar nicht möglich ist, dass das alles nur eine optische Täuschung ist, die sofort wieder vorbeigeht. Sie geht nicht vorbei. Es ist keine optische Täuschung. Es ist der schlimmste Berg weit und breit, der kein Ende nimmt, der mit jedem Meter sogar noch schlimmer wird, schlimmer und immer noch schlimmer. Als hätte Landauer diesen Berg persönlich angelegt, um das zu demonstrieren. Die meisten steigen schon nach den ersten Metern fluchtartig ab. Springen von ihren Rädern. Als würden sie aus einem brennenden Haus springen. Doch Landauer fährt weiter, mit Stoppuhren an seinem Lenker, und er zählt die Sekunden. Und warum tut er das? Um die Unglaublichkeit eines solchen Anstiegs genau zu dokumentieren. Es geht bei einem solchen Anstieg nicht mehr darum zu messen, wie schnell man da hochkommt, sondern wie lange man das durchhalten kann. Darum geht es.

Er nahm einen Schluck aus seiner Trinkflasche. Als wollte er das noch einmal unterstreichen. Während wir weiter Richtung Westen fuhren, immer deutlicher nach Frankreich hinein, wie bei einer Urlaubsfahrt: die Häuser, die Platanen, die Boule spielenden Männer auf einem Dorfplatz. An einer Bushaltestelle standen winkende Kinder. Sie feuerten uns an, wie bei einem wirklichen Rennen: *allez, allez, allez* … Warum sollte ich leugnen, dass diese Rufe beflügelten? Selbst Landauer hob die Hand zu einem kurzen Gruß. Und die bildschöne Frau auf den Plakatwänden, sie lächelte betörender denn je.

Einmal sei Landauer bei einer Ausfahrt bis nach Dijon gefahren.

Wie bitte?

Nach Dijon.

Nicht allein, sondern mit der ganzen Gruppe, mit einer gewöhnlichen 27er-Schnitt-Gruppe. Ohne jede Vorwarnung sei er mit ihr dort hingefahren, aus dem Nichts, in der größtmöglichen Beiläufigkeit, und sei es nur, um dort einen Kaffee zu trinken und um am selben Tag wieder zurückzufahren, mit allen Teilnehmern, eine Distanz, die bei Tageslicht gar nicht zu schaffen ist. Erst um sieben Uhr morgens kamen sie wieder an ihren Ausgangspunkt zurück, an das Heidegger-Denkmal, nach einer durchfahrenen Nacht, im Lichte einiger weniger Helmlampen, die Landauer hatte austeilen lassen. Von Freiburg nach Dijon und wieder zurück in 22 Stunden – das sei ein Paukenschlag gewesen. Was mit einer gewöhnlichen Gruppe an Kilometern alles möglich ist.

Möglich ist.

Karl, Landauers Assistent, ließ sich nun nach hinten fallen und erklärte, dass der Anstieg jeden Moment beginnen werde, der Anstieg hinauf zum Grand Ballon. Höchster Berg der Vogesen. 1424 Meter. Die Passhöhe liege bei 1343 Metern. Es gebe einige Varianten: die Südanfahrt, die Südostanfahrt, die Südwestanfahrt. Landauer nehme die Südwestanfahrt. Von Saint-Amarin aus. Die schwierigste aller Anfahrten. Wenn schon, denn schon. Und Karl fuhr wieder nach vorne an Landauers Seite, um sich mit ihm zu beratschlagen: über Steigungsgrade, Wetterbedingungen und Höhenmeter – um sich dann wieder zurückfallen zu lassen und das Besprochene weiterzugeben: Straßenbelag, Lichtverhältnisse und Windrichtung. Im Vergleich zu anderen Steigungen. Und er nannte einige der Anstiege, die er mit Landauer bereits gefahren war, nicht nur Vogesenpässe, was seien schon Vogesenpässe, sondern Alpenpässe: Stilfser Joch, Gavia, Silvretta, Flüela, Furkajoch, Hahntennjoch … und, und, und … Er sagte das mit einer tänzelnden Leichtigkeit, als wäre das Kommende nur eine Aufwärmübung. Oder ein Auftakt. Alles eine Frage der Balance. Von Atem und Pedalumdrehungen. Die Kunst der richtigen Gangwahl. Das Herstellen von Leichtigkeit bei aller Steilheit. Das sei es.

Er begann, die Fahrer im Peloton nun durchzuzählen, um sich einen Überblick zu verschaffen, falls jemand verloren gehe. Es gehe aber niemand verloren. Nicht bei Landauer. Und er meldete die Zahlen nach vorne. Pendelte hin und her, zu Landauer und wieder zu uns zurück, wie ein überdrehter Hund, hin und her, irgendeinen Satz von Landauer aufschnappend und ihn nach hinten weitermeldend …, bis wir irgendwann nach rechts bogen und auf einer langgezogenen Straße fuhren, die sich immer mehr als Aufstieg erwies – oder mindestens als Einstieg in einen Aufstieg. Mein erster Vogesenberg.

Und ich erinnerte mich jetzt an meine ersten kleineren Bergfahrten in der norddeutschen Tiefebene, winzige und allerwinzigste Hügel, die ich (wenn ich mit anderen Radfahrern mitfuhr) zu meiner großen Überraschung plötzlich an der Spitze eines Feldes erlebte, ohne jede Vorwarnung, aus dem Nichts. Vor allem aber: ohne eine wirkliche Bemühung. Ich fuhr, so gut es ging, eine Anhöhe hinauf, und plötzlich war ich vorne, ganz allein, ohne dass ich das beabsichtigt hatte. Und ich hörte die anderen sagen: Der ist ja wirklich gut am Berg.

Vielleicht waren derlei Sätze ein Verhängnis gewesen. Denn ich suchte mit ihnen nun verstärkt die Berge. Oder, wenn keine Berge, dann eben steilstmögliche Hügel, die ich von allen Seiten anfuhr. Hügel über Hügel. Höhenmeter sammelnd. Oder ich fuhr (mangels Hügeln) in Tiefgaragen hinein, an den tiefsten Punkt einer Tiefgarage, und dann Rampe für Rampe wieder hinauf. Runter und wieder hinauf. Bis sich auf dem Fahrradcomputer die Höhenmeter eines kleinen Alpenpasses sammelten. All das war ein Verhängnis, beginnend mit dem Satz: Der ist ja wirklich gut am Berg.

Landauer war nun an meiner Seite. Er schaute mich an, als wäre das ein Geschenk: der Grand Ballon. Und dazu noch die Südwest-Variante. Sag das deinen norddeutschen Freunden oder norddeutschen Tiefgaragen. Sage es ihnen! So blickte er mich an. Dann fuhr er weiter.

Die Straße verengte sich nun, und hinter einer unscheinbaren Kurve begann der Anstieg. Man hörte es an den Schaltgeräuschen, die durch das Peloton hindurchgingen, von vorne nach hinten. Klick, klick, klick … Ein immer schneller werdendes Herunterschalten. Als wollte man sich ducken. Puls bei 150. Nach nur wenigen Metern Steigung. Und nach weiteren 50 Metern war er bei 160. Der Pulsmesser piepste. Ich wollte ihn abstellen, fand den Knopf nicht. 170. Das Feld riss nun auseinander. Manche beschleunigten;

andere fielen sofort zurück. Mit einem Handzeichen hatte Landauer das Tempo freigegeben. Jeder sein eigenes Tempo. Keine Zweierreihen mehr, sondern überall vereinzelte Fahrer. Mein Nebenmann fuhr davon. Eine erschreckende Leichtigkeit. Puls bei 180. Der Berg ein Schock. Schlimmer als die schlimmsten Erwartungen. Ein Schlag ins Gesicht. Ich suchte nach Hinterrädern, denen man irgendwie folgen könnte. Ich fand keines. Im letzten Moment fand ich doch eines. Daran hielt ich mich. Ein unscheinbares Hinterrad, das ein Tempo vorgab, ein mir gerade noch mögliches Tempo. Geschehe, was will, ich bleibe an diesem Hinterrad. Um irgendwie in Bewegung zu bleiben. Um überhaupt noch in Bewegung zu bleiben. Und der verhängnisvolle Satz: Er ist ja wirklich gut am Berg.

Ich rechnete in Höhenmetern, und dann wieder in Kilometern. Noch 800 Höhenmeter, noch 11 Kilometer. Ein Kilometer gleich 50 Rampen einer Göttinger Tiefgarage. Ich hatte es ausgerechnet. In notdürftigen Gedanken. Damit überstand ich die nächsten 500 Meter. Oder wenigstens die nächste Serpentine. Und noch eine. Und noch eine. Ich konzentrierte mich auf dieses Hinterrad, das mir Meter für Meter zu entschwinden drohte … Bis nach einer lang gezogenen Kurve nichts mehr von dem Rad zu sehen war. Der Blick nun nach vorne – ohne irgendein Rad. Radlose Blicke. In einem Nichts von Puls und Schweiß und Nicht-Wissen, wie lange das noch gehen konnte.

Alles Weitere ereignete sich nun in Metern: ob nun Kilometer oder Höhenmeter. Noch 8 Kilometer. Oder 700 Höhenmeter. Je nach Betrachtungsweise. Darüber konnte ich eine Weile nachdenken, zumindest bis zur nächsten Rampe, und dann noch eine. Kleinster Gang auf kleinstem Kettenblatt. Puls bei 187. Und der Gedanke: Das ist ja gar nicht so viel.

Nein?

Nein.

Der Puls war auch schon bei 190 gewesen. Oder bei 200. Oder noch viel höher. Und das bei völlig anderen Gelegenheiten. Bereits in der Schule war er hoch gewesen. Oder in der Liebe. Oder während des Studiums, besonders während meines Examens. Er war viel zu hoch. Er schlug bis zum Hals – als ich in den Prüfungsraum geführt wurde. Bitte setzen. Ein Stuhl, ein Tisch, ein Kugelschreiber und ein Stapel Papier. Der Puls, er schlug und schlug. Zusammen mit einer Uhr, die neben der Tafel hing. Und der Stimme der Prüfungsaufsicht: noch 120 Minuten noch 90 Minuten … Er schlug immer schneller, selbst als ich Antworten fand und anfing zu schreiben. Er schlug in rasenden Sätzen. Er schlug derart, dass man gleich zwei oder drei Menschen damit hätte versorgen können. Oder in Angst und Schrecken versetzen. Als wäre einer nicht genug. Als müsste ich nicht allein, sondern in zahlreichen Abarten und Varianten durch dieses Examen kommen. In allen Facetten und in jeder Hinsicht. Da man es sonst nicht glaubt.

Und selbst nach dem Examen blieb der Puls unverändert. Man hätte ja sagen können: Jetzt reicht es. Jetzt ist es genug. Es war nicht genug. Er schlug immer ein paar Schläge zu schnell. Als mich zum Beispiel der Anruf erreichte, in dem mir mitgeteilt wurde, man habe eine Stelle für mich.

Eine Stelle?

Ja, eine Stelle.

Eine Lehrtätigkeit an der Universität. Und der Puls schoss nach oben. Und er blieb oben, weil das ja nicht irgendeine Stelle war, sondern eigentlich ein Wunder, dem man sich irgendwie würdig erweisen wollte, mit endlosen zusätzlichen Pulsschlägen.

Er schlug stolperartig, als ich erstmalig in einen Seminarraum trat, um dort zu unterrichten. Als wäre das die normalste Sache der Welt. Dabei war es alles andere als normal. Nichts war normal. Schon der Name meines Studiengangs war nicht normal.

Was studiert er?

Ich wagte es kaum auszusprechen.

Wozu das gut sein sollte? Wo das hinführen sollte? Das waren die Fragen. Zunächst die Fragen, während ich studierte, dann die Fragen, als ich das später alles unterrichtete.

Er unterrichtet?

Ja, er unterrichtet.

Immerhin.

Wenigstens das.

Ich unterrichtete mit der größtmöglichen Sorgfalt, als wäre dies eine einzigartige Gelegenheit, was es ja auch war. Manchmal unterrichtete ich stakkatoartig, in immer schneller werdenden Sätzen. Als wäre ich der lebende Beweis, dass es durchaus möglich ist, ein solches Fach nicht nur zu studieren, sondern jetzt sogar noch zu unterrichten. Seht her, es ist möglich. So stand ich an der Tafel, in einem Jackett, mit meinem Doktortitel, mit einem Arbeitsvertrag – und das vor zahlreichen Zuhörern. Ich stand dort jahrelang, nachdem mein Vertrag an der Universität immer wieder verlängert worden war. Wie zum Beweis. Und ich damit bedeuten konnte, dass das alles mit rechten Dingen zuging, mein Studium, meine Stelle, mein ganzes Leben. Alles bestens, alles rechtens.

Bis der Vertrag irgendwann nicht mehr verlängert wurde, weil er nicht mehr verlängert werden konnte. Unverlängerbar. Was immer ich auch versuchte. Was immer auch andere versuchten. Und eine Kollegin mir den Rat gab, doch Vorträge zu halten.

Vorträge?

Jawohl, Vorträge oder öffentliche Vorlesungen, über alle möglichen Themen, über Kunst, Kultur, Literatur und einiges mehr. Es sei doch schade, all mein Wissen einfach brachliegen zu lassen. Für manche Menschen war es tatsächlich schade.

Von Fahrrädern war damals noch keine Rede. Dafür von Vorträgen, in allen Varianten: Vorträge an Schulen, an Volkshochschulen und Bibliotheken und anderen Einrichtungen. *Spannender Vortrag*. So wurden diese Vorträge angekündigt. Und ich fühlte dabei ein gewisses Unbehagen. Allein schon wegen des Wortes *spannend*. Was damit gemeint sein soll? Spannend? Ich wusste es nicht. Doch gingen diese Vorträge lange Zeit gut. Vorträge über Abiturthemen (gut besucht), Vorträge über politische Themen (ebenfalls gut besucht) und Vorträge über Gesundheitliches (am besten besucht).

Bis ich eines Abends in der Aula einer Schule auftreten sollte. Nicht anders als sonst. Alles bestens. Wie all die Jahre zuvor. Die Menschen waren wohlwollend und freundlich. Ein gut gefüllter Saal, ein beachtliches Publikum. Es bestand aus Lehrern, Schülern und Eltern. Da ist er. Jetzt spricht er. Ich sprach meinen Vortrag Meter für Meter, wie Höhenmeter. Noch 200 Höhenmeter, noch 150 Höhenmeter. Und plötzlich ergaben meine Sätze keinen Sinn mehr. Von einem Satz auf den anderen keinen Sinn. Ich wusste nicht mehr weiter. Die Kulissen stürzten ein. Ich stand ohne einen Plan. Das Einzige, was mir einfiel, war zu sagen: Ich muss aufs Klo. Ich fand es nicht einmal. Leere Korridore. Ich ging hin und her. Riss Fenster auf. Für einige Schritte war ich schon unterwegs Richtung Auto. Doch man holte mich wieder herein. Aufmunternder Applaus. Und das wartende Publikum. Da ist er wieder. Dr. Frank Staiger. Spannender Vortrag. Und Stille. Ich legte mir das Manuskript zurecht, las einige Zeilen – und der Puls war bei 200. Alles wurde dunkel. Als würde ich sterben. Ich brach ab.

Es war kein Lampenfieber. Es war alles, nur kein Lampenfieber. Es war auch keine Unerfahrenheit oder Unfähigkeit. Im Gegenteil. Es war die Grundlosigkeit von all dem, dessen Bodenlosigkeit. Plötzlich erlebte ich die reinste Bodenlosigkeit. Die Bodenlosigkeit dessen, wer ich bin, und wer ich nicht bin, und auch nie sein werde. Ich werde es nie sein. Mit aller Wucht wurde mir das klar. Und mit dem ganzen Körper. Ich werde es nie sein. Was immer ich auch zu sein dachte oder zu sein vorgab oder unbedingt sein wollte. Ich werde es nicht sein. Als würden alle Sicherungen durchbrennen. Der Puls unermesslich, nur noch ein Flimmern oder Rasen. Man könnte auch sagen: Panik. Todespanik oder Lebenspanik. In einem einzigen Moment. Vor wartenden Zuschauern. Ohne jeden Berg. Ohne jeden Pulsmesser. Ohne ein Fahrrad. Also kann der Puls jetzt gerne bei 190 sein. Er hat jetzt wenigstens einen Grund, einen guten Grund.

Und nur noch 600 Höhenmeter. Nach endlosen Minuten. Nur noch 600 Höhenmeter. So der Computer. Ich dachte an die Implikation dieser Worte: *nur noch*. Was das eigentlich heißt: *nur noch*. In Zusammenhang mit 600 Höhenmetern. Wenn man sich das Meter für Meter vorstellt. All das zu einer Gebirgswand auftürmt. Oder zu einem Wolkenkratzer. Und die nächste Rampe. Und noch eine. Und die kläglichen Meterzahlen, die dabei abgetragen werden. Nichts. So gut wie nichts.

Susan hatte mich damals abgeholt, nach diesem völlig missratenen Vortrag. Sie erklärte den Veranstaltern: Es sei nichts Ernstes. Nur eine Magenverstimmung. Fortan begleitete sie mich zu den Vorträgen. Es half nichts. Oder es half immer seltener. Es wurden ohnehin ständig weniger Vorträge. Von Jahr zu Jahr immer weniger. Nicht, weil meine Sätze keinen Sinn mehr ergaben. Nach außen ergaben sie noch einen Sinn. Auch nicht wegen der Panikgefühle – kaum jemand bemerkte etwas davon. Die Vorträge wurden weniger, aus keinem anderen Grund, als weil sie ohnehin immer weniger geworden wären, wie sehr ich mich dagegen auch aufgelehnt hätte. Es wäre ohnehin alles genau so gekommen, wie es gekommen ist. Vielleicht auch deshalb die damalige Panikattacke. Wie eine vorweggenommene Einsicht.

Zum ersten Mal ging mein Blick zurück. Hinter mir sah ich zwei, drei, vier … – ja sogar fünf andere Fahrer. Genauso gequält wie ich. Ein Qualbild meiner selbst. Mehr kauernd als sitzend. An den Lenkern zerrend. Und ich dachte (einmal mehr) an den Hohn meines Trikots: *Radvereinigung Göttingen.* Doch dieser Hohn war auch ihr Hohn. Nicht sie, sondern ich trug dieses Trikot. *Radvereinigung Göttingen.* Nicht sie, sondern ich war von jeder ernstzunehmenden Fähigkeit am Berg freigestellt – kraft dieses Trikots. Eine Art Freistellung oder Attest, von Landauer vielleicht längst bemerkt und sogar mit einem gewissen Wohlwollen registriert. *Radvereinigung Göttingen* – und er fährt nicht an letzter Stelle, sondern kann sich mit aller Kraft noch behaupten, vor einigen wenigen anderen Fahrern behaupten. Nehmt euch ein Beispiel an ihm. Ein Hoch auf Frank Staiger.

Und? Was jetzt? Was soll nun werden? Ohne jeden Vortrag. Lieber Frank. Hatte Susan gefragt. Wieder und immer wieder hatte sie das gefragt. Und ich hatte keine Ahnung. Ich schwieg. Oder ich ging in ein anderes Zimmer. Oder setzte mich aufs Rennrad, fuhr Autobahnbrücken oder die Rampen Göttinger Tiefgaragen, hoch und wieder runter, hoch und wieder runter …, kaum anders als jetzt, nur dass es jetzt nur noch hoch ging, hoch und immer weiter hoch. Puls bei 190. Und das war jetzt kein Vortrag und auch keine schlaflose Nacht und auch keine Ratlosigkeit, sondern mein erster Vogesenberg.

Ich schaltete einen Gang hoch, um eine Veränderung zu erfahren, und sei es auch nur eine Verschärfung der Anstrengung, um dann nach einigen Metern wieder herunterzuschalten, in den kleinsten Gang, um die Erleichterung erleben zu dürfen. Eine kaum zu glaubende Erleichterung. Bis der Anstieg wieder so steil wurde, dass die Erleichterung sofort wieder aufgezehrt war, man im Gegenteil sogar den Eindruck hatte, man habe in Wahrheit einen Gang hochgeschaltet.

Hochschalten.

Runterschalten.

Hochschalten.

Runterschalten.

Was in Wahrheit nichts anderes war als ein Hochschalten, da es ja immer steiler wurde. Alles Schalten oder Nichtschalten war am Ende ein Hochschalten.

Und plötzlich hörte ich eine Stimme neben mir. Mehr ein Röcheln, Husten und Keuchen als eine reguläre Stimme. Einer der Nachzügler hatte sich herangearbeitet.

Drei.

Drei … hundert.

Drei … hundert … fünfzig.

Man hörte nur Konturen abgehackter Laute. Bis ich ihn endlich verstand. 350 Höhenmeter. Als hätte er diesen Kraftakt auf sich genommen, nur um mir das mitzuteilen. 350 Höhenmeter. Als hätte er geahnt, dass ich seit einigen Metern entschieden hatte, nicht mehr auf die Höhenmeter zu achten, sondern nur noch auf andere Dinge, zum Beispiel auf die Uhrzeit oder die Temperaturanzeige: 14 Grad, 13 Grad … – während der Fahrer neben mir sich mit jedem Atemzug an irgendeine Höhe klammerte: 330, 325, 322 …

Dann …

So verstand ich ihn …

Dann …

Dann gehe es nur noch bergab. Er sagte das stoßweise, mehr zu sich selbst als zu mir. Nur noch bergab. Wie ein Gebet sagte er das. Bergab! Es gehe bereits jetzt schon ein wenig bergab. Ob ich das nicht merkte? Ich merkte nichts. Doch er sprach (mit letzter Kraft) weiter: eine Weggabelung namens Le Markstein, dann nur noch bergab.

Ins Münstertal.

Wie ein Ausweg.

Oder Atemweg.

Das Münstertal.

Durchs Münstertal hindurch.

Immerzu bergab.

Über Colmar.

Und weiterhin bergab.

Richtung Rhein.

Und man ist zu Hause.

Zu Hause!

Alles schien damit noch in einem vernünftigen Rahmen. Der Grand Ballon war in Wahrheit gar keine Laune Landauers. Bei genauer Betrachtung handelte es sich sogar um eine Abkürzung. Ein Entgegenkommen. Der kürzeste Weg nach Hause. Eine Art Wasserscheide oder Zweiteilung unserer Tour. Auf dieser Seite noch alles von einer unbegreiflichen Sinnlosigkeit und Endlosigkeit. Auf der anderen Seite dann die Auflösung von all dem. Die Wandlung in eine durchschlagende Abfahrt und schnurgerade Heimfahrt.

Mit diesen Gedanken die Tausendhöhenmetermarke überfahren, mit der Idee, dass Landauer immerhin ein Gefühl für das Dramaturgische habe. Führt uns weiter und immer weiter von unserem Ausgangspunkt weg, in ein völlig abwegiges Gebiet, um dann mittels eines irrwitzigen Anstiegs innerhalb weniger Kilometer alles zum Guten zu wenden: ein Gipfelpunkt – eine unscheinbare Abbiegung und dann eine Abfahrt über 50 Kilometer hinweg, wieder hinein in vertrautes Terrain. Erst sind es rasende Kilometer, dann immer gemächlicher werdende Kilometer, ein gemütliches Ausrollen und Ausklingen. Bis man wieder zu Hause ist …

Die ersten Wolken, durch die wir hindurchfuhren, und das schien ein gutes Zeichen, ein Zeichen ernsthafter Höhe. Zuerst bedeckten sie nur die Wipfel einzelner Bäume, und irgendwann bedeckten sie auch uns. Der Fahrer neben mir war kaum mehr zu sehen, nur noch ein entschwindender Farbpunkt. Man hörte noch die Höhenangaben, die er sprach: 270, 268 … Begleitet von dem Gepiepse meines Pulsmessers. Ich versuchte ihn abzustellen. Er piepste weiter. Wie in einer Intensivstation. Als wollte er sagen: bis hierher und nicht weiter. Sofort absteigen. Ich kann die Verantwortung nicht mehr übernehmen. Und ich antwortete ihm: *Ich* übernehme sie!

Was?

Ich übernehme sie!

Ich versuchte das Ding auszuschalten. Und ging in den Wiegetritt. Stemmte mich in die nächste Rampe. Ein Außenstehender hätte gesagt: Er fährt ja nur noch in Konvulsionen. In Schlangenlinien. Und das Gepiepse des Pulsmessers, eine Mischung aus Anteilnahme, Sorge und Hohn. Ich versuchte, ihn vom Lenker zu reißen. Die Baumgrenze. Ab jetzt nur noch Wolken, Gras und Steine. Und eine erste Höhenmarke jenseits des Radcomputers. In Stein gemeißelt. 1200 Meter. Und das schien wie eine substanzielle Wahrheit. 1200 Meter, was nichts anderes bedeutet als nur noch 143 Höhenmeter bis zum Gipfel. Kaum mehr als ein belangloses New Yorker Hochhaus. Und damit wendete sich vieles, nein, eigentlich alles: zum Besseren. Als bestünde ernsthaft die Möglichkeit, da oben mit Anstand anzukommen. Zum ersten Mal reifte in mir dieser Gedanke. Man kann da oben ja tatsächlich ankommen. Der Tritt nun ruhiger, selbst der Pulsmesser beruhigte sich. An den Straßenrändern sah ich geparkte Autos, und nach und nach verstand ich die Bedeutung dieser Autos. Sie waren Boten und Vorboten – des Gipfels. Tagestouristen, Camper, Restaurantbesucher. Sogar der Geruch von gebratenen Würsten …

Dann war ich oben. Ein kalter Windstoß kam mir entgegen. Links Parkplätze, rechts ein Gipfelrestaurant. Ich sah die anderen Fahrer unserer Gruppe. Auch Landauer und Karl, sein Assistent. Die frisch Angekommenen standen schnaufend. Oder fuhren torkelnd im Kreis. Die anderen standen wie ein Publikum und beäugten uns. Bald stand auch ich und beäugte (mit aufgestütztem Kopf) die letzten verbliebenen Fahrer, die sich auf die Passhöhe quälten. Ihre Bewegungen waren ein Aufbäumen, gegen die letzten Meter des Anstiegs. Und noch ein Meter und noch einer.

Eine Art Aussicht und einige beiläufige Fotos, die in aller Eile gemacht wurden, nicht wegen der Landschaft, sondern um zu dokumentieren, dass man tatsächlich hier war. Mit dem Fahrrad und in Landauers Gruppe. Foto Landauer, Foto Landauers Gruppe. Seht ihr. Wir hier oben. Und ihr da unten.

Mein T-Shirt unter dem Radtrikot – es war klatschnass. Man hätte es auswringen können. Ich zog es aus und hängte es an den Ast eines Baumes, um es notdürftig zu trocknen. Im Hintergrund hörte ich Landauers Stimme: keine Gipfelromantik. Er machte eine ausholende Bewegung, um jeden Ansatz einer ausufernden Pause zu vertreiben. Selbst jetzt schien das Peloton noch in einer ständigen Bewegung: austreten und Wasserflaschen füllen! Essbares zu sich nehmen. Landauer wünsche keinen Hungerast. So Karl, der Assistent, der zum Essen aufforderte. Ein einziger Fahrer mit einem Hungerast könne ein ganzes Feld auseinanderbringen. Also essen! Ob man nun Hunger hatte oder nicht. Es war eher ein Schlingen als ein geordnetes Essen. Eine Art Volltanken. Bananen, Kuchenstücke und Powerriegel. Die ersten Fahrer machten sich schon für die nachfolgende Abfahrt bereit. Sie zogen Windjacken über. Keine Gipfelromantik. Wie um das zu unterstreichen, ertönte der Pfiff einer Trillerpfeife. Und noch einmal. Es war dies die Aufforderung zum Aufsitzen und zur sofortigen Weiterfahrt. Karl betätigte die Pfeife, in kurzen knappen Tonfolgen. Der gesamte Gipfel ertönte in seinen Pfiffen. Spaziergänger drehten sich fragend um. Und schon hörte man das Einrasten der Radschuhe in die Pedale: Klack, klack, klack ... Die ersten Räder setzten sich in Bewegung. Mein T-Shirt. Es hing immer noch an dem Baum. Susan hatte es mir zum Geburtstag geschenkt. In der Eile des Aufbruchs hatte ich es vergessen. Keine Möglichkeit mehr, es zu holen. Es hing dort wie eine Gebetsfahne oder Warnweste. Landauer war hier. 27er- Schnitt und mittlere Gruppe. Seht ihr. In dieser Art hing es. Wie zum Abschied.

Die anderen fuhren bereits. Ich versuchte zu folgen, doch mein rechter Schuh rastete nicht ein. Erst nach einigen Pedalumdrehungen war ich wieder in den Pedalen. Auf die anderen Fahrer hatte ich bereits einige Meter Rückstand. Es war ein Kampf, da überhaupt wieder heranzukommen. Mit einem hohen Gang und einigen Wiegetritten. Meter für Meter ... Eine Trillerpfeife. Ausgerechnet eine Trillerpfeife.

Wieder im Feld. Windschatten, Zweierreihen. Und Windschatten. Als würde man von draußen kommend in ein warmes Zimmer treten. Karl fuhr am Rande des Pelotons und ließ durchzählen: 18, 19, 20 ... Um den Überblick zu behalten. Damit niemand hier oben bleibt.

24, 25, 26 … Ich war die Nummer 26. Ich sollte mir das merken.

Welliges Terrain auf einer frisch asphaltierten Höhenkammstraße, der *Route des Crêtes*, die durch eine baumlose Gegend führt. Die eigentliche Abfahrt beginnt erst in wenigen Kilometern. Puls immer noch bei 130. Und ein wenig Ruhe. Unter uns die Rheinebene, rechts hinten im bläulichen Dunst. Fast so etwas wie Beschaulichkeit und Entspannung. Kleine Gegenanstiege, über die wir – angesichts des fallenden Terrains – hinwegflogen. Wie Wellen im Meer, die uns nach oben tragen oder über die man wie über eine Schanze springt. Bei Tempo 60. Fahrrad an Fahrrad. Manche saßen aufrecht und zogen sich noch eine Windjacke über. Als würden wir für unsere Rückfahrt sämtliche Segel setzen.

Bei Le Markstein bogen wir nach rechts. Und schon fuhren wir auf den ersten – noch flachen – Metern der nun beginnenden Abfahrt.

Er trägt ja keinen Helm.

Was?

Er trägt keinen Helm.

Wer?

Landauer.

Ich konnte es kaum glauben. Er trug keinen Helm. Entgegen all der Ankündigungen und Ermahnungen des Radvereins. Helmpflicht. Jeder trägt einen Helm.

Er trug *keinen* Helm. Hätte ihn irgendjemand darauf angesprochen, dann hätte er wahrscheinlich geantwortete: Helm? Wozu brauche ich einen Helm? Für ihn eine Lächerlichkeit, ein Akt von Defätismus. Er fuhr bereits einige Meter vor uns – war in Vorbereitungen auf die Abfahrt. Zog sich – freihändig fahrend – eine Windjacke über und fuhr – immer noch freihändig – auf die erste Kurve zu, drehte sich noch einmal um, als wollte er winken, griff im letzten Moment in die Bremsen, um in einer wahnwitzigen Schräglage irgendwie noch die Kurve zu kriegen – nur Zentimeter an einer Leitplanke entlang. All das eher ein Flug als eine Fahrt. Kinn auf dem Lenker, in geduckter Pose. Raubvogelartig. Sich ins Tal stürzend. Er war uns bereits einige Serpentinen voraus, fuhr jetzt Passagen, die wir erst Minuten später erreichen würden, war ein unwirklicher Schatten rasender Geschwindigkeit, nur noch eine Abfolge plötzlicher Striche und später dann ein entfernter Punkt.

Und ich hörte Mutmaßungen, wie schnell er eine solche Abfahrt an einem Tag wie heute fahre. Und wie schnell er sie an anderen Tagen bereits gefahren war: 90, 100, 110 Kilometer. Autos überholend. Einmal sogar ein Motorrad.

Er wartete an einer Kreuzung, viele Kilometer weiter unten – wirkte entspannt und gelöst und ließ die Gruppe sich wieder sammeln und anfahren. Zweierreihen und Windschatten. Tempo machen. Und Kilometer machen. So das Motto. Mein Blick auf die Uhr: schon vier Uhr nachmittags. Eine Ewigkeit, die wir bereits unterwegs waren. Doch fuhren wir auf abschüssigem Terrain Richtung Rhein. Tempo 35 bis 40. In einem ruhigen Rhythmus. All das wirkte wie ein Ausrollen, ein Durchatmen, ein Heimkommen, zumindest ein Auf-dem-Weg-Sein. Ein Außenstehender könnte fragen: Gab es denn keine Pause? Vielleicht würde Susan später genau das fragen: Gab es denn gar keine Pause? Doch jeder einzelne Fahrer in dem Feld wäre perplex ob einer solchen Frage. Eine Pause? Noch nie gab es bei einer Tour mit Landauer eine Pause. Abfahrten schienen Pausen genug. Oder Fahrten auf der Ebene. So wie jetzt. Selbst leichte Anstiege – eigentlich Pausen.

Bis Landauer plötzlich nach links biegen ließ. In die Bremsen und nach links. Das Peloton geriet in Unruhe. Einige Fahrer, die geradeaus weitergefahren waren, mussten wieder umkehren. Der Richtungswechsel war anscheinend gegen alle Erwartungen. In einem unscheinbaren Dorf. Eine Kirche. Ein Dorfbrunnen. Und die Ausrufe der ersten Fahrer, die das Folgende vielleicht schon ahnten: ein weiterer Vogesenpass.

Was?

Er fährt einen zweiten Vogesenpass.

Aber warum?

Einfach so.

Als wäre einmal nicht genug. Im Peloton plötzlich Stille. Und schon wandelte sich die Straße zu einer ersten Rampe. Man hörte die Umwerfer. Die Ketten flogen auf das kleine Blatt. Und wieder riss das Feld auseinander, nur dass die vorderen Fahrer dieses Mal weniger leichtfüßig davonfuhren und die Hinteren nahezu stehen blieben. Gegen eine Wand fahrend. Schalten, runterschalten und immer noch weiter runterschalten – bis kein Gang mehr übrig war. Ende aller Reserven. Und Schlangenlinien. Konvulsive Schlangenlinien, um irgendwie über die ersten Rampen zu kommen. Ein entferntes Hinterrad, an das ich mich klammerte. Aus dem Augenwinkel. Fast blind. Nur dieses Hinterrad. Dann eine Kurve, einige Meter Erholung, und die nächste Rampe. Eine Endlosigkeit. Ein zweiter Vogesenpass.

Um irgendetwas zu denken, blieb ich bei dem Wort *Vogesenpass*. Er fährt einen zweiten *Vogesenpass*. Ohne uns überhaupt zu fragen. Oder das anzukündigen. Links ab, eine Kirche, ein Dorfbrunnen und ein zweiter Vogesenpass. Nur noch in einzelnen Wörtern denkend. Irgendwann nur noch in Worthälften oder einzelnen Buchstaben …

Vo-ge-sen-pass.

Hier ge-we-sen!

Auf einem Vo-ge-sen-pass!

Stoßweise geatmet.

Richtung Susan gesprochen.

Fast hilfesuchend.

Er fährt einen zweiten Vogesenpass.

Wie bitte?

Er ist wahnsinnig geworden. Er fährt einen zweiten Vogesenpass. Was soll ich tun?

Sie würde antworten: absteigen.

Wie soll das gehen? Absteigen?

Indem man einfach absteigt.

Vielleicht würde sie noch hinzufügen: Ich solle mit ihm einmal reden.

Mit ihm reden?

Ja.

Wie soll das gehen?

Sie weiß es nicht. Oder sie würde sagen: Ich solle mir einmal Gedanken machen, warum ich hier überhaupt noch sitze, auf einem Rennrad, inmitten eines Pelotons, und sie daheim auf einem Stuhl. Als ob *ich* nichts Besseres zu tun hätte, und als ob *sie* nichts Besseres zu tun hätte, als in einer fremden Stadt auf einem Stuhl zu sitzen und auf mich zu warten. Und ich frage sie: Warum sie nicht einfach aufsteht und spazieren geht?

Doch sie antwortet nicht.

Mit diesem Bild fahre ich in die nächste Serpentine, mit dem Bild unseres ersten gemeinsamen Spaziergangs. Susan und ich. Vor vielen Jahren. Schon nach wenigen Schritten war sie verwundert. Ob irgendetwas sei? Mit mir oder mit meinem Bein? Dass ich ja hinken würde. Und ich beschwichtigte. Nein, nichts Arges. Nur ein leichtes Schleppen. Eine gewisse Versteifung. Und ich fragte sie, ob das für sie ein Problem sei? Und sie antwortete: aber nein. Und ich fügte hinzu, dass ich dafür umso besser Fahrrad fahre. Sie lachte. Doch ich bestand darauf, dass dem wirklich so sei, und kaufte mir dann tatsächlich ein Fahrrad, nur um das zu unterstreichen, um das in aller Deutlichkeit zu unterstreichen.

Nächste Serpentine.

Der Atem der anderen Radfahrer, den ich jetzt höre. Immer deutlicher. Auch höre ich nun leise gesprochene Wörter ..., keine Radwörter, keine Spaziergangwörter, sondern Vortragswörter. Wie man einen Vortrag vielleicht doch noch retten könnte. Nächste Serpentine. Indem man kürzt, umstellt und neu formuliert. Ein ganz neuer Ton. Oder ein ganz neues Thema. Nächste Serpentine. Oder indem man anders auftritt und sich anders kleidet. Nächste Serpentine. Oder ich höre Erklärungen, warum es nicht hat sein sollen oder nicht hat sein können. Nächste Serpentine. Was ich alles tun könnte oder tun sollte. Nächste Serpentine. Oder werden könnte. Als wäre ich gar nicht mehr. Nächste Serpentine. Oder nur noch eine Art Invalide, ein Berufsinvalide. Nächste Serpentine. Dabei waren die Vorträge für Susan immer eine Besonderheit gewesen. Jeder Vortrag war für sie eine eigene Welt. Nächste Serpentine. Und trotzdem zeigte sie mir immer öfter Stellenanzeigen. Hier eine Stelle, da eine Stelle, dort eine Stelle. Zahlreiche, sich überschlagende Stellen. Nächste Serpentine. Zunächst hatten die Stellen noch einen akademischen Hintergrund. Oder zumindest eine akademische Aura. Nächste Serpentine. Irgendwann hatten sie keine Aura mehr. Nächste Serpentine. Bald waren da nur noch Stellen. Völlig beliebige Stellen. Selbst die Stelle eines Hilfskochs war plötzlich eine Stelle. Nächste Serpentine. Niemand sollte behaupten, es gebe keine Stellen. Nächste Serpentine. Die Erbärmlichkeit dieser Stellen, im Vergleich zu einem Vortrag. Nächste Serpentine. Selbst der schlimmste Vortrag ist noch besser als jede dieser Stellen. Nächste Serpentine. Die Wahllosigkeit dieser Stellen. Eher Rückzugsgefechte als wirkliche Stellen. Nächste Serpentine. Wenn das Leben nur noch eine Sache von Rückzugsgefechten ist. Nächste Serpentine. Schließlich war es Susan, die sich auf diese Stellen bewarb. Susan, und nicht ich. Nächste Serpentine. Wenn du es nicht machst, dann mache es ich. Irgendjemand muss es ja tun. Nächste Serpentine. Während ich zuhause saß und überlegte und überlegte. Nächste Serpentine. Oder mich auf das Rennrad setzte und fuhr und fuhr und fuhr. Nächste Serpentine und die nächste und die nächste …

Die Wörter tanzten vor meinen Augen und lösten sich auf. Und plötzlich war Landauer an meiner Seite. Er fuhr leicht versetzt. Als gehörte er gar nicht wirklich zu uns. Eine Erscheinung aus einer anderen Welt, jenseits aller Schwerkraft.

Ruhig bleiben.

Atmen nicht vergessen.

So sprach er mir zu.

Fast zärtlich.

Rhythmus halten.

Lächeln.

Und freundlich bleiben.

Das hörte ich noch. Oder glaubte es zu hören. Dann war er nicht mehr zu sehen. Meinem Blick entschwunden. Und ich fragte mich, ob er sich hatte zurückfallen lassen – oder mit wenigen Tritten wieder nach vorne gefahren war. Jedenfalls war er verschwunden, und ich war mit mir selbst allein, so wie eben ein Mensch, der jeden Tag auf ein Rennrad steigt mit sich selbst allein ist.

Oben auf der Passhöhe sah ich ihn wieder, Landauer, und sein Peloton: wie eine geschlagene Armee – sich sammelnd und abzählend. 11, 12, 13 … Einige standen über ihre Räder gebeugt, stoßweise atmend. 17, 18, 19 …

Andere lagen im Straßengraben. Ihre Räder neben sich. Blick in den Himmel. 25, 26, 27 …

Wir waren vollständig. Und wenn wir nicht vollständig gewesen wären, dann hätte das Landauer so nicht hingenommen. Er hätte noch einmal durchgezählt, und noch einmal, und wäre dann irgendwann auf sein Rad gestiegen und wäre den ganzen Berg wieder nach unten gefahren, um verlorengegangene Fahrer eigenhändig zu holen. Das sei Landauer, nicht nur hier in den Vogesen, sondern Landauer überhaupt: Er holt verlorene Fahrer. So wie kein anderer Gruppenführer Verlorene oder Vermisste holt. Und selbst wenn einzelne Fahrer noch weit unten im Tal sind oder gar nicht mehr die Absicht haben, einen Berg überhaupt noch hinaufzufahren, wenn sie sich innerlich also längst von einer Tour verabschiedet haben, sie irgendwo auf einer Bank sitzen und sich in Sicherheit wähnen – plötzlich steht Landauer vor ihnen und holt sie sich.

Und wieder aufsitzen.

Man hörte die Trillerpfeife.

Die Absurdität dieser Trillerpfeife.

Als würde man uns mit vielen kleinen Schlägen wieder auf unsere Räder treiben. Weiter! Weiter! Doch jemand erklärte mir: Landauer könne nicht einfach von Fahrer zu Fahrer gehen und umständlich fragen, ob es ihm nun genehm sei? Ob er oder sie demnächst daran denken würde, wieder aufzusteigen und weiterzufahren. Er könne sich nicht auf einen Hügel stellen und rufen: bitte aufsitzen.

Deshalb die Trillerpfeife.

Wir fuhren bereits. Ohne eine Pause. Die folgende Abfahrt schien Pause genug. Hochschalten, sich in die Kurven legend. Das waren Pausen, fliegende Pausen, bei Kilometer 60 und in beängstigenden Schräglagen. Links, rechts, links, rechts – die Räder hüpften über den Asphalt. Ich suchte nach Worten für diese, immer schneller werdenden Passagen: donnern, schießen, rasen … Oder verunglücken.

Die Mutmaßung eines Fahrers, dass dieser zweite Pass womöglich gar nicht völlig abwegig gewesen sei, dass er durchaus Sinn mache, in den Plänen und Überlegungen Landauers, dass wir andernfalls (ohne die Überquerung dieses Passes) viel zu weit südlich in die Rheinebene gekommen wären, irgendwo bei Mulhouse, dass wir dann endlos viele Kilometer *gefressen* hätten. Das waren seine Worte: *gefressen* hätten. Bis zur Besinnungslosigkeit. Kilometer im Wind. Kilometer auf einer endlosen Ebene. Und dass mit der Überquerung dieses Passes (mit dieser letzten großen Tagesanstrengung) wir nun auf dem Weg ins Münstertal seien, viel weiter nördlich, Richtung Colmar fahrend, und dann nach Breisach und Freiburg. Also eigentlich der kürzeste

Weg nach Hause. Eine solche Tour, so der Fahrer, sei ein ständiges Abwägen: zwischen Höhe und Distanz, zwischen Höhenmetern und Kilometern auf der Ebene.

Tatsächlich kamen wir jetzt durch ein helles, vielversprechendes Seitental, das sich mit der Zeit immer mehr öffnete. Man sah sogar die ersten Schilder, die das bestätigten. Sie zeigten alle nach Colmar: Colmar, Colmar. Nur noch 14 Kilometer. Und das waren leichte Kilometer, die Straße ging stetig bergab. Alles bestens, so der Fahrer neben mir. Ein Blick, als wäre alles Weitere nur noch eine Formalität. Ein Ausrollen. Die Straße, auf der wir nun fuhren, war für ihn Beweis genug, Beweis für die Richtigkeit seiner Einschätzung, dass das alles Hand und Fuß habe, was wir bislang gefahren seien, Hand und Fuß. An seinem Handgelenk trug er zahlreiche Bändel …

Paris – Brest – Paris.

London – Edinburgh – London.

Oslo – Trondheim – Oslo.

Bändel über Bändel.

Das seien alles Langstreckenrennen. Zum Beispiel London – Edinburgh – London. Bei ständigem Gegenwind und Regen und Kältegraden, und mit nur einer kleinen Fahrradlampe, mit der man nachts fast nichts sehen kann. Zwei Tage und zwei Nächte durchgefahren. Mit nur drei Stunden Standzeit. Eine Art Sitzschlaf nachts auf der Bank einer Bushaltestelle. Mehr war es nicht.

Und wie selbst ein Fahrer wie Landauer bei einem dieser Rennen Probleme bekommen hatte, das Rennen für ihn nicht gut lief, er bereits auf den ersten 300 Kilometern Defekte erlebte und seine Fahrt immer wieder unterbrechen musste, er erst gar nicht hineinkam, in seinen typischen Rhythmus, den Landauer-Rhythmus. Hinzu kamen Regen, Gegenwind und eine unerklärliche Müdigkeit. Seine Zeit war um Stunden schlechter gewesen als bei allen bisherigen Langstreckenrennen, seine Einfahrt ins Ziel glich einer einzigen durchgehenden, um Erklärungen ringenden Entschuldigung: Entschuldigung, Entschuldigung, Entschuldigung … Angesichts einer solchen Zeit. Er fuhr erst gar nicht ins Hotel, sondern blieb gleich auf seinem Fahrrad, wechselte nur das Trikot und die Sattelstütze. Dann fuhr er weiter, nicht einmal schnell, sondern eher bedächtig, um fern aller Menschen erst einmal einen Rhythmus zu finden, und sei es nur eine Art von Erklärungsrhythmus, wie es bei einem solchen Rennen (bei einem nicht einmal besonders schwierigen Rennen) zu diesem Einbruch hatte kommen können. So fuhr er davon, weiter und immer weiter. Es war eine Erklärungsfahrt und eine Wiederfindungsfahrt. Und irgendwann (mit sich und seinem Fahrrad allein) fand er dann seinen Rhythmus, genau jenen Rhythmus, den er vergeblich gesucht hatte, und er fuhr die 540 Kilometer einfach noch einmal neu.

Und als hätte Landauer das gehört, ließ er nun plötzlich nach rechts abbiegen, in ein unscheinbares Waldstück, der Beginn eines weiteren Anstiegs.

Bitte nicht!

Man hörte die Reaktionen aus dem Feld. Mit gespielter Renitenz, aber auch mit wachsendem Ernst. Was das soll? Dass dieser Aufstieg doch völlig sinnlos sei. Bei aller Freude an Bergen. Selbst der Fahrer mit den Bändeln wirkte irritiert. Was macht er denn? Als hätte sich Landauer noch einmal spontan entschieden. Von Sattel zu Sattel. Ein neuer Anstieg. Und sei es nur deshalb, um uns zu erklären, wie man einen solchen Anstieg (eine immer enger werdende Passstraße) nach über 140 Kilometern Distanz richtig anfährt. Nicht zu langsam, aber auch nicht zu schnell. Ruhig bleiben. Entspannt bleiben. Nur eine kleine Erhebung, ein Gegenanstieg …

Ein Gegenanstieg, der kein Ende nehmen wollte. Landauer beruhigte und munterte auf. Puls bei 190. Der Schweiß schwappte unter der Sonnenbrille. Ein Aquarium. Ein Salzbad. Und ein blutiger Geschmack im Mund. Und ein erneuter Ausruf, dass dieser Anstieg gegen jede Logik sei …

Jeder Anstieg ist gegen alle Logik.

So eine Antwort.

Das Wesen jeder Steigung.

So eine Stimme.

Runterschalten.

Bis kein Gang mehr übrig war.

Bis ich irgendwann wieder hochschaltete.

Um dann wieder runterzuschalten.

Hoch.

Und wieder runter.

Eine Stimme vor mir: Ich solle zu ihm aufschließen. Und dabei machte er eine verzweifelte Handbewegung. Als würde er mich rufen. Ich solle endlich kommen. An ihn heranfahren. So komm doch! Mit letztmöglichen Pedalumdrehungen fuhr ich zu ihm. Es war Stevens. Sein Atem war ein Ertrinken, ein Pfeifen, ein Schnappen nach kleinsten Mengen von Luft. Ich verstand nur Wortfetzen: Wind und Schatten. Bitte ein wenig Wind. Bitte ein wenig Schatten. Windschatten. Die Stimme eines Sterbenden. Die Stimmen zweier Sterbender. Meine Stimme und seine Stimme. In einem gemeinsamen Krankenzimmer. Bitte bleib! Bitte geh! Bitte bleib! So lagen wir nebeneinander. So schleppten wir uns hinauf. Kurve für Kurve. Fahr hinter mir! Fahr vor mir! Fahr an meiner Seite! Seite an Seite. So fuhren wir. Mit letzten Pedalumdrehungen. Mit letzten Worten. Wir fuhren eine Ewigkeit. Bis er irgendwann verschwunden war. Oder ich selbst verschwunden.

Oben wirkten die Räder und ihre Fahrer wie ein Torkeln. Jeder fuhr in eine eigene Richtung. Schlangenlinienförmig. Kreuz und quer. Meine Beine rosa. Ob sie tatsächlich rosa waren oder nur so leuchteten. Immer grellere Farben. Und dann plötzlich gar keine Farben. Die Bäume jetzt nur noch schwarzweiß.

Und schon waren wir wieder in der Abfahrt. Konzentrationsprobleme in den Kurven. Ich bremste zu früh. Oder zu spät. Durch die Brille war kaum mehr etwas zu sehen. Salzverkrustet. Und all die Höhenmeter wieder verloren, fuhren wir jetzt wieder auf der Ebene, bis zum nächsten Anstieg, zum nächsten Kulminationspunkt. Keine Pause, keine Gipfelromantik. Und ich spürte Susans Widerwillen gerade gegen dieses Wort: keine Gipfelromantik. Landauers Wort. Selbst wenn er es gar nicht mehr aussprach, er fuhr es in aller Konsequenz: keine Gipfelromantik. Was für eine Verunglimpfung, höre ich Susan sagen. Der Gipfel aller üblen Verleumdungen und Verunglimpfungen. Gipfelromantik! Doch Landauer fuhr völlig unberührt, bog nach links, bog wieder nach rechts, in rasenden Kombinationen, nur um Anlauf zu nehmen für den nächsten Anstieg.

Und bei all dem schälte sich jetzt ein neues Wort heraus, das Wort Sägeblatt. Zunächst verstand ich dieses Wort nicht, bis mir dessen Bedeutung irgendwann klar wurde. Sägeblatt. Hoch und runter, runter und wieder hoch – wie die Zacken eines Sägeblatts. Er, Landauer, schien jedes einzelne Seitental, jede Erhebung, jeden Berg (Vorberg, Zwischenberg, Hauptberg, Seitenberg) als Anstieg zu nutzen. Hoch und wieder runter. Der Höhenmesser zeigte über 2000 Tagesmeter. Und ich dachte an das Wort wellig. Welliges Terrain. Was mir Stevens, mein Nebenfahrer, zu Beginn der Tour noch gesagt hatte. Jovial und vollmundig hatte er es gesagt. Mittlere Gruppe, 27er-Schnitt, welliges Terrain. Wo war er nun? Er war nicht mehr zu sehen, angesichts all dieser Höhenmeter, die kein Ende nahmen. Stattdessen hörte ich nun Susans Stimme: Na?

Ob ich genug habe!?

Ob ich jetzt endlich genug habe!?

Ist es jetzt genug!?

An Tempo.

An Rädern.

An Höhenmetern.

An Tor-Touren.

An Qualen.

Und der Verdacht, dass sie mich vielleicht nur deshalb zu diesem Radtreff überhaupt geschickt hatte, damit ich genau das am eigenen Leib erlebe, was sie (womöglich) all die Jahre mit *mir* erlebt hatte, all diese endlosen (und für sie völlig sinnlosen) Touren an meiner Seite. Damit ich endlich Ruhe gebe. Kein Wort mehr von

Rädern oder Radtouren. Jedenfalls keine Touren mehr mit ihr.

Und der nächste Anstieg. Und noch einer. Verstehst du es jetzt. Wie das ist. Wenn man nicht mehr kann. Und völlig am Ende ist. So Susan, an meiner Seite – hinter mir und neben mir und über mir. Verstehst du nun? Und sie betonte (einmal mehr) die Sinnlosigkeit von all dem. Was könnte man nicht alles machen?

Wie bitte?

Was könnte man nicht alles machen? Nicht nur heute oder morgen oder übermorgen, sondern ganz grundsätzlich. Was könnte man mit einem einzigen Leben alles machen. Vielleicht sagte sie auch: *aus* einem Leben alles machen. Aus ihm herausholen: an Sinn und Ziel und Freude und Substanz – und er verbringt seine Zeit auf einem Fahrrad. In einer endlosen Monotonie und Kreisbewegung. Immer dieselbe stupide Kreisbewegung. Ein endloser, sich selbst speisender *Monotono-Theismus*. Und er bekommt nicht einmal Geld dafür.

Hoch und runter.

Hoch und runter.

Ohne Sinn und ohne Ziel. Ohne Absichten und ohne Rücksichten. Ohne ein fassbares Ergebnis …

Die Beine sind ein fassbares Ergebnis.

Was?

Die Beine sind ein fassbares Ergebnis. Sie solle sich nur einmal all diese Beine anschauen. Ob sie schon einmal derartige Beine gesehen habe? Doch sie interessiert sich nicht für Beine. Sie interessiert sich für den Sinn von all dem. Was das soll? Man könnte ja auch ausgehen oder spazieren gehen oder Bücher lesen oder das Leben einfach genießen …

Genießen?

Jawohl, genießen.

Wie das gehen soll? Genießen?

Sie nennt zahllose Möglichkeiten, die für mich aber keine Möglichkeiten sind – und sie fragt weiter: Was ich mit all diesen Kilometern eigentlich zeigen möchte? 100 Kilometer, 120 Kilometer, 140 Kilometer … Die sich immer mehr steigernden Kilometer. Was ich damit beweisen will? Dass ich ihr nichts beweisen muss, dass ich niemandem auf der Welt etwas beweisen muss, dass … Bis ich sie in der Steilheit des Anstiegs irgendwann nicht mehr höre, stattdessen nur noch das Rasseln meines Atems – und dann plötzlich eine andere Stimme, eine Fahrradstimme: Jemand hat Landauer attackiert.

Was?

Jemand hat Landauer attackiert.

An der Spitze des Feldes jetzt Unruhe, eine Art Stocken oder Aufschauen. Man sah einen Fahrer, der im Wiegetritt an Landauer vorbeizog, am steilsten Teil des Berges, als hätte dieser Fahrer die ganze Zeit nur auf diesen einen Moment gewartet, Landauer an einer der steilsten Passagen einfach abzuhängen. Kein deutlicheres Bild, als wenn ein Fahrer einen anderen am Berg einfach stehen lässt. Ich lasse dich stehen. Siehst du das. Seht ihr das. Ich lasse ihn stehen. Und für einen Moment sah ich bei Landauer ein leichtes Zucken. Ob nun ein erstauntes Zusammenzucken oder ein gereiztes Aufzucken, in der Art eines Hundes, der im nächsten Moment aufspringt und losrennt. Noch immer sehe ich dieses Zucken. Vielleicht auch ein Achselzucken, das allen Anwesenden bedeutet: Lasst ihn nur. Wenn er unbedingt will. Vielleicht auch eine gewisse Unschlüssigkeit: Den Überholenden erst einmal gewähren lassen, ihn müde fahren lassen, um ihn an einem späteren Teil des Berges wieder einzusammeln. Oder sofort nachsetzen. Ein Zeichen setzen. So nicht! Guter Freund. So nicht!

All das sah ich nun, in nur wenigen Sekunden. Puls bei 180. Nur damit beschäftigt, mich irgendwie auf dem Rad zu halten. Katapultartig. Das ist das Wort. Landauer schoss dem Ausreißer nach: katapultartig. In nur wenigen Pedalumdrehungen. Ein Heransprinten. Um gar keine Zweifel aufkommen zu lassen. Hier bin ich. Das bin ich.

Ob ich das nun tatsächlich in allen Einzelheiten so

sah, oder es nur verstreute Worte waren, die ich von außen hörte. Wie in einer Radio- oder Fernsehübertragung.

Landauer geht aus dem Sattel …

Landauer macht ernst …

Landauer zeigt, wo der Hammer hängt …

Landauer …

Was ich sah, das waren Punkte und Striche. Punkte, die sich entfernten, und Striche, die den Punkten in rasender Geschwindigkeit folgten oder Verbindungen zwischen den Punkten herstellten. Wie eine geometrische Anordnung oder die Striche eines wütenden Malers. So nicht! So nicht!

Ich sah das alles bildhaft vor mir. Jemand greift Landauer an. Dieser setzt sogleich nach, geht an das Hinterrad, wie ein aufspringender Hund, sitzt dem Ausreißer schon nach wenigen Metern im Nacken, lässt ihm keine zwei Sekunden Ruhe, Genugtuung oder Gewissheit, überholt ihn dann, in nur wenigen, fast beiläufigen Pedalumdrehungen, lässt ihn mitten im Berg in seinem eigenen Bild stehen, in einem Bild, das er selbst heraufbeschworen hat.

Jedenfalls schien sich da vorne ein Drama abzuspielen, viele Serpentinen über unseren Köpfen hinweg: Angriff, Gegenangriff und immer weitere Angriffe. Ein Davonsprinten und Nachsprinten. Wiegetritte und Gegenwiegetritte. Bergschlachten.

Als wir oben ankamen, da wartete Landauer nicht stehend, sondern fahrend; in immer schneller werdenden Kreisen fuhr er um ein geparktes Auto herum, herum und immer schneller herum; so wie auch der andere Fahrer, der ihn überholt hatte, in Kreisen fuhr. Als wollte er bedeuten: Ich fahre noch ... Bis der letzte Fahrer oben war und Landauer in die nächste Abfahrt ging, eine Abfahrt, die so gut wie keine Erholung mehr brachte.

Keine Tour, hörte ich, keine Tour ohne irgendeinen Fahrer, ohne irgendeinen verrückten Fahrer, der Landauer am Berg einfach angreife, ihn attackiere. Was nun folgte, schien eine Folge einer solchen Tat. Jeder weitere Anstieg schien jetzt ein *zusätzlicher* Anstieg neben all den bestehenden Anstiegen, um einem solchen Fahrer zu bedeuten: Mach das nie wieder!

Wir verfluchten diesen Fahrer. Warum ein solcher Wahnsinn. Ein Mensch, der überhaupt nur deshalb dabei war, um Landauer an irgendeinem Berg in die Quere zu kommen. Gegen jede Vernunft; Fahrer, die anscheinend von weither anreisten, nur um Landauer am Berg zu erleben und ihn dann zu stellen. Ihn bloßzustellen, und das dann überall kundzutun. Ich habe ihn attackiert! Ich habe ihn distanziert! Ich habe ihn geschlagen! Manche im Feld schienen belustigt darüber, andere waren am Ende ihrer Kraft. Er soll doch einfach ablassen. So ihre Blicke. Beigeben und ablassen. Sich hinten einreihen und Ruhe geben.

Man sah jetzt die ersten Lücken im Feld. Selbst in den Flachpassagen: immer größer werdende Lücken. Und ich hörte Landauers Stimme: Aufrücken! Zusammenbleiben! Rhythmus halten! Wie ein Hirtenhund, der sich zurückfallen lässt, um dann wieder nach vorne zu schießen, die Gruppe irgendwie zusammenhaltend, bevor sie in kaum mehr zu rettende Einzelteile zerfällt. Denn es gab nun erste Fahrer, die nicht mehr konnten oder nicht mehr wollten, die irgendwo stehen blieben und den anderen bedeuteten, dass sie den Weg nach Hause auch allein fänden. Wir finden den Weg allein. Sie beteuerten das mit letzter Kraft. Selbst der Fahrer, der Landauer vorher am Berg noch attackiert hatte, er beteuerte nun. Mit beiden Händen beteuerte er. Während Landauer alle zum Bleiben aufforderte. Er forderte nicht auf, er insistierte. Es gab für ihn gar keinen Zweifel, dass man weiterfährt. Das schafft man! Das kann man! Das wäre ja gelacht! Für ihn nur eine Frage der richtigen Ordnung, einer Neuordnung des Feldes, und eine Frage des passenden Rhythmus. Runterschalten, in leichtere Gänge schalten und Rhythmus. Ruhig bleiben und konzentriert. Das Hinterrad halten. Um die nächste Ecke kommen. Nur das ist wichtig: die nächste Ecke.

Manchmal erholt man sich auch wieder. An diesen Umstand dachte ich nun. Manchmal erholt man sich wieder. Gegen alle Erwartungen. Von Minute zu Minute ein wenig mehr. In kaum zu glaubenden Andeutungen winzigster Kraftreserven, letzte Kraftlinien, die sich zusammenfinden. Wenn man nur den richtigen Rhythmus findet. Und die richtigen Gedanken. Und eine gewisse Leichtigkeit. Ich hatte es in früheren Touren manchmal so erlebt, und ich hoffte darauf, dass ich es auch dieses Mal erleben werde. Hoffentlich erlebe ich es.

Und wieder ein Fahrer, der irgendwo stehen geblieben war. Jedenfalls war er nicht mehr zu sehen – doch Landauer schien das nicht mehr zu bemerken. Und wenn er es irgendwann doch bemerkte, dann wurde das begleitet von einer Handbewegung, die wie ein Abwinken wirkte, ein enttäuschtes Abwinken. Kaum anders als das Abwinken eines Lehrers, der die Beschränktheit eines Schülers zum ersten Mal erkennt, und darüber wirklich enttäuscht ist, weil er eigentlich *anderes* erwartet hatte … Ich habe anderes erwartet. Von diesem oder jenem nun verschwindenden oder bereits verschwundenen Fahrer. Auch von Stevens. Er war nicht mehr zu hören. Er war nicht mehr zu sehen. Trotz seines kostbaren Rahmens. Irgendwann endgültig meinem Blick entschwunden.

Gelegentlich ließ Landauer sich noch zurückfallen, auf der Suche nach vermissten Fahrern, doch rückte das Feld mit jedem verschwundenen Fahrer immer wieder neu zusammen. Wie ein Fischschwarm. Die Hinterräder als Flossen, die Speichen als Kiemen. Oder ein Spermienschwarm: die schmalen Körper stromlinienförmig nach vorne gestreckt. Als würde man tauchen oder schwimmen, sich Meter für Meter aneinander ansaugen, in immer neuen Anordnungen und Ausformungen, aber in einer einzigen allumfassenden, nach vorne strebenden Bewegung.

Wir waren jetzt noch um die 20 Fahrer. Einige von ihnen schienen sogar dankbar für jeden zusätzlichen Höhenmeter. Anscheinend trainierten sie für irgendein Rennen in diesem Sommer, getreue Weggefährten Landauers, während die übrigen Fahrer hin und hergerissen schienen: Die Ausfahrt mit Landauer irgendwie noch zu Ende zu bringen. Oder ebenfalls abzubrechen. Bei jeder Kreuzung, bei jeder Abbiegung oder Ausfahrt dachte auch ich nun daran: ausrollen zu lassen, abzubiegen oder wegzufahren. Einfach nur weg. Wobei ich keine Vorstellung hatte, wie man aus dieser Gegend (ein Labyrinth von Tälern und Seitentälern) je wieder nach Hause finden könnte. Jemand sprach mich an: Ich sei doch Arzt. Und ich wusste nicht, wie er darauf kam, dass ich Arzt sein könnte. Doch für ihn war ich ab jetzt ein Arzt. Vielleicht wegen meines norddeutschen Akzents oder wegen meiner Vortragsstimme oder wegen meines Trikots. Ich solle mit Landauer einmal sprechen. Wie lange das noch gehen solle? Was das überhaupt für eine aberwitzige Tour sei, die er da heute veranstalte? Er solle das einmal erklären. Dass die meisten am Anschlag seien. Völlig am Ende.

Als ich ihn ansprechen wollte, hörte er gar nicht zu. Oder ich hörte (über mich hinweggesprochen) laut gerufene Wortwechsel, Wortwechsel zwischen ihm und seinem Assistenten. Dass das so nicht weitergehe. Eine derartige Unruhe im gesamten Peloton. Die einen viel zu schnell, die anderen viel zu langsam. Dass das nach wie vor ein geschlossener Verband sei, was wir seien, ein geschlossener Verband. Also zusammenrücken. Mehr Umsicht und Aufmerksamkeit. Und neu durchzählen! 5, 6, 7, 8, 9 … Jemand erklärte: Wenn ein Auto in uns hineinfahre, dann fahre es nicht irgendwo hinein, sondern in einen geschlossenen Verband. Dann seien nicht *wir* schuld, sondern das Auto. Das ist ein geschlossener Verband! Mindestens 16 Fahrer in geschlossener Formation – ist ein geschlossener Verband.

Eine offene Wunde und ein geschlossener Verband. Später erfuhr ich, dass Landauer bei einer seiner Ausfahrten gestürzt sei, als er bei einer Abfahrt eine Kurve falsch ansteuerte, von der Straße abkam und gegen eine

Wand krachte. Er wollte sofort wieder aufsteigen, als wäre nichts geschehen. Nicht der Rede wert. Nur ein kleiner Steuerfehler. Doch das Fahrrad war völlig hinüber, die Laufräder verbogen, und seine Schulter gebrochen. Obwohl er das nicht wahrhaben wollte. Das sei nichts, nur eine Verstauchung und ein paar Schürfwunden, und er auf der Stelle wieder auf irgendein Fahrrad steigen wollte. Bring mir jemand ein Fahrrad. In dieser Art sprach er, mit seiner Gruppe, mit Passanten und einigen Schaulustigen am Straßenrand. Bring jemand ein Fahrrad. Er sah furchtbar aus: blutete, sein Trikot war zerfetzt, überall Riss-, Schnitt- und Schürfwunden. Doch er wollte weiterfahren. Ein Unfall war in seinen Planungen nicht vorgesehen. Er sagte das wortwörtlich zu einem der Passanten: Ein Unfall ist in meinen Planungen nicht vorgesehen. Der Unfall hatte nach seiner Meinung nicht einmal wirklich stattgefunden. Als wäre all das nur ein vorübergehender Moment gewesen, eine optische Täuschung: die Kurve, der Steuerfehler, der Sturz – eine einzige durchgehende unwirkliche Bewegung, die man abschütteln könnte, indem man sofort wieder auf ein Fahrrad steigt. Die Passanten blickten entsetzt. Während ein Krankenwagen kam, um ihn abzuholen. Gegen seinen Willen. Alles gegen seinen Willen: Sein Fahrrad, das zurückgelassen wurde, die Fahrt ins Krankenhaus, die Röntgenbilder, die

Operation, die zertrümmerte Schulter, die geschraubt wurde, stundenlang, und ein Blumenstrauß, der nach der Operation an seinem Bett stand.

Wer immer ihm diese Blumen gebracht haben mochte. Sie waren deplatziert. So wie Landauer in einem Krankenbett völlig deplatziert gewesen war, seine braungebrannten ölverschmierten Beine auf weißen Laken; die Infusionsbeutel und die Blumen an seiner Seite. Er ließ die Fenster öffnen, um durchzuatmen, betrachtete die Ausläufer einiger Schwarzwaldberge, schien die Hänge nach möglichen Straßen oder Radwegen abzusuchen, als könnte er jederzeit auf ein Fahrrad steigen und dort hochfahren.

Und wie er sich schon am nächsten Tag hatte entlassen wollen, um an irgendeiner Trainingsfahrt teilzunehmen, die er sich nicht nehmen lassen wollte, trotz dieses Unfalls, und die Ärzte darüber fassungslos waren, nicht nur wegen der frisch operierten Schulter, sondern auch wegen zahlreicher früherer Frakturen, die zum Teil noch gar nicht richtig verheilt waren. Und man zeigte ihm die Röntgenbilder, die er weder sehen noch wahrhaben wollte. Er winkte ab. Für ihn waren dies Kleinigkeiten – nicht der Rede wert. Bring mir jemand ein Fahrrad. So sprach er. Als könnte er die Ärzte mit einigen wenigen Pedalumdrehungen von seiner Unversehrtheit überzeugen.

Am nächsten Morgen war er bereits im Gymnastikraum der Klinik, um wenigstens auf einem Ergometer einige Kilometer zu fahren.

Das sei Landauer.

Unverwüstlich.

Und wie eine Physiotherapeutin ihm das verbieten wollte.

Verbieten?

Ihn wenigstens einweisen wollte.

Einweisen?

Jawohl, einweisen.

Er brauche keine Einweisung.

Sie bestand darauf.

Half ihm auf den Sattel, ein geradezu lächerlicher Damensattel, als wäre er ein Kind, das zum ersten Mal auf ein Fahrrad gesetzt wird.

Obacht.

Langsam.

Vorsicht.

So ist es gut.

Und die Hände auf den Lenker.

Sehr gut.

Und die Füße auf die Pedale.

Sehr gut.

Und langsam treten.

Schön langsam.

Ihre Ahnungslosigkeit.

Völlige Ahnungslosigkeit.

Mit wem sie es da zu tun hatte.

Sie hatte das Ergometer auf 60 Watt gestellt. 60 Watt. In Landauers Welt kaum mehr als ein leichtes Zucken. Und wie er, kaum dass sie gegangen war, die Wattzahl sofort nach oben gestellt hatte: 100 Watt, 180 Watt, 260 Watt, 400 Watt. Jede Erhöhung wie ein Durchatmen. Höher und immer höher. Und wie man in dem Geräteraum dann irgendwann ein Surren hörte, ein einschneidendes Surren, das man noch nie an diesem Ort gehört hatte. Es war Landauers Surren, seine Kadenz. Je höher die Wattzahl, desto höher die Trittfrequenz. Und umgekehrt. Das hörte man nun, an dem immer lauter werdenden Surren. Wie ein Motor, der langsam warmläuft. Und wie alle Leute in diesem Raum nun aufhorchten und zuschauten. Während Landauer immer mehr Fahrt aufnahm. Die Fensterscheiben vibrierten und das ganze Ergometer vibrierte, während er die Trittfrequenz noch mehr erhöhte, als würde er ein Feld von hinten aufrollen, Fahrer um Fahrer überholend, an ihnen vorbeischießend … Oder ein Motor, der alles Bisherige übertrifft. Ein Maschinenraum kurz vor dem Explodieren. Bis Ärzte in den Raum stürmten und das unterbinden wollten: sofort aufhören! Das Ergometer voller Fehlermeldungen: *Error*, *Error* …

Und wie er gleich einem Delinquenten auf sein Zimmer geführt wurde, ohne dass irgendeiner der Anwesenden überhaupt einen Blick geworfen hätte, auch nur einen einzigen flüchtigen Blick, auf das Display des Ergometers: 560 Watt. Dass kein Mensch diese Zahl überhaupt zur Kenntnis nahm. 560 Watt. Dass wahrscheinlich noch nie auf diesem Gerät eine solche Zahl aufgeleuchtet war. Und wahrscheinlich auch niemals mehr wieder dort aufleuchten würde. Man sah diese Zahl nicht einmal …

Die Abstände.

Was?

Die Abstände.

Landauer monierte immer noch die Abstände. Eine ständige Abweichung und Unordnung. Mehr Konzentration. Mehr zusammenrücken. Und aufrücken. Dass er ab jetzt einen Schlussfahrer bestimmen werde. Um eine Linie zu ziehen. Bis hierher und nicht weiter. Ab diesem Fahrer ist Schluss. Um die Leute aufzurütteln und zusammenzuhalten.

Und er bestimmte einen Schlussfahrer. Ein Fahrer mit zahlreichen Bändeln, der sich zurückfallen ließ, um sich einen Überblick zu verschaffen. Die Dinge neu ordnend durchzählen ließ: 10, 11, 12, 13 … Jemand, der noch die Kraft hat, nach vorne zu sprinten, um Probleme zu melden: Reifenpannen, Stürze oder schwächelnde

Fahrer. Eine Art Notbremse, um den Zug zum Halten zu bringen.

Das ist ein Schlussfahrer.

Und der nächste Schlussfahrer, der nach hinten beordert wurde. Alle drei bis vier Kilometer sorgte Landauer für einen frischen Schlussfahrer.

Der Nächste.

Und der Nächste.

Zurückfallen lassen.

Der neue Schlussfahrer.

Landauer persönlich führte mich nach hinten. Ruhig bleiben. Die Übersicht behalten. Und seriös fahren. Seriös. Mit diesen Worten verabschiedete er sich. Bis zu Kilometer 192 – war ich Schlussfahrer. Ich würde Susan das später, vielleicht noch nicht einmal ohne einen gewissen Stolz, erzählen. Ich war Schlussfahrer. Vor mir die verbliebenen Fahrer. Tief gebeugt. Ihre Arme zerrten an den Lenkern. Um sich noch irgendwie festzuhalten. Und ich sah nun den Irrsinn von all dem. All diese bis zum Bersten gekrümmten Fahrer. Und ich der Schlussfahrer. Ein Schlussfahrer, der nach vorne sprinten soll, wenn es irgendwelche Probleme gibt.

Keine Probleme!

Keine Probleme!

Und der nächste Schlussfahrer.

Keine Probleme!

Und der Nächste.

Gefolgt von dem nächsten Anstieg. Landauer sprach mit ruhiger Stimme. Wie in einer Schulklasse. Worum es bei diesem Aufstieg gehe. Um 16 Prozent auf den nächsten vier Kilometern. Dass der Puls bei einem solchen Berg nicht notwendigerweise steigen müsse, sondern auch ruhig bleiben könne, wenn nicht gar fallen. Fallen und immer weiter fallen. Wenn das der Fall sei, dann könne man endlos weiterfahren ... Endlos weiterfahren ... So verstand ich ihn. Und er fuhr wieder nach vorne.

Eine Trinkflasche.

Eine Trinkflasche, die von Fahrer zu Fahrer gereicht wurde. Denn nach fast 200 Kilometern und sieben Stunden Fahrt waren alle Flaschen so gut wie leer. Und auch das erschien wie ein Argument, auf alle weiteren Anstiege in naher Zukunft zu verzichten, um auf dem schnellstmöglichen Weg nach Hause zu kommen. Leere Trinkflaschen. Sieht er sie nicht, all die leeren Trinkflaschen.

Dass man sie jederzeit auffüllen kann, unsere Trinkflaschen, so ein Fahrer neben mir. Nichts leichter als das. Dass Landauer auf langen Fahrten vor Häusern am Wegrand einfach anhalte und den Bewohnern zurufe: Bitte Trinkflaschen füllen! So wie andere in eine Tankstelle fahren. Bitte füllen! Für ihn eine Selbstverständlichkeit. Und wie die Bewohner dann mit all den Trinkflaschen, die man ihnen reicht, tatsächlich ins Haus gehen, um sie wieder aufzufüllen. Bis jeder Fahrer wieder eine gefüllte Trinkflasche hat. Und wieder aufsitzen und weiter. Und wenn keine Häuser zu sehen sind, dann gibt es Friedhöfe, an denen Wasserhähne stehen, um die Flaschen wieder zu füllen. Und wenn keine Friedhöfe, dann reicht Landauer seine eigene Flasche.

Es war genau dieser Umstand, dass Landauer *nicht* anhielt und keine Trinkflaschen füllen ließ, was jetzt im gesamten Peloton mit Erleichterung zur Kenntnis genommen wurde. Konnte man doch dies als einen Hinweis verstehen, dass die Tour nun zu einem baldigen Ende kommen könnte. Wie ein Auto, das mit den letzten Tropfen Benzin irgendwie nach Hause rollt. Mit diesen Gedanken in den nächsten Anstieg. Hätte ich die Kraft gehabt, dann hätte ich ihn vielleicht in ein Gespräch verwickeln können, mitten in diesem Anstieg. Ich hätte ihm knappe Fragen stellen können, in der Hoffnung auf ausgiebige Antworten, Antworten, die vielleicht selbst einen Menschen wie Landauer irgendwann außer Atem bringen könnten.

Welches Buch er gerade lese?

Was?

Welches Buch er gerade lese?

Oder ob er verheiratet sei?

Was?

Verheiratet?

Derartige Fragen. Doch selbst wenn ich noch an ihn herangekommen wäre, um solche Fragen zu stellen, er hätte sie wahrscheinlich in der größten Einsilbigkeit beantwortet: Er sei nicht verheiratet. Er lese keine Bücher. Warum sollte er *Bücher* lesen? Selbst die kleinste Tour sei erhellender als ein Buch. Denn jede Tour ist bereits ein Buch, ein gefahrenes Buch. Der *Mythos von Sisyphos*. Was das ist? Ein pedaliertes Buch. Soviel zu Büchern. Statt Büchern nun eine Trinkflasche, eine letzte noch halbwegs gefüllte Trinkflasche, die im Feld kreiste. Der Fahrer neben mir fuhr in Schlangenlinien. Er wollte nach dieser Flasche greifen, doch er hatte keine Kraft mehr, er griff ins Leere. Sein Schnaufen war besorgniserregend. Eher ein Röcheln als nur ein Schnaufen. Er berührte Pfosten, fuhr schon gar nicht mehr wirklich auf der Straße. Ich wollte das melden. Versuchte, irgendwie nach vorne zu kommen. Mit gerade noch möglichen, letztmöglichen Pedalumdrehungen. Doch meine Landauerrufe blieben ungehört.

Als ich mich umdrehte, war das hintere Stück der Gruppe verschwunden, nicht nur *ein* Fahrer, sondern mehrere Fahrer. Auch der Schlussfahrer. Verschwunden. Wie eine abgerissene Heckflosse. Oder ein Filmriss oder ein endgültiges Verstummen. Landauer war nun an meiner Seite, ließ sich weiter und immer weiter zurückfallen, pedalierte vor und wieder zurück. Sammelte einzelne Fahrer ein, setzte sie in der Mitte des Feldes ab und suchte weiter, hinter Wegbiegungen und in Einfahrten. Half einem Fahrer aus einem Graben. Setzte ihn wieder aufs Fahrrad. Weiter! Schob ihn sogar für einige Meter. Landauer der Front- und der Schlussfahrer sowie der Schiebefahrer; der Nexus der Gruppe, in Wolken hineinfahrend und (wie ein Geist) wieder aus ihnen herauskommend, bis er irgendwann die abgerissene Gruppe verloren gab …

Verloren.

Endgültig verschwunden und verloren. Er meldete das Karl, der das mit leblosen Worten vermerkte. Wir warteten, mehrere Minuten. Bis Landauer schließlich sagte: Aufsitzen! Und weiter!

Niemand sagte etwas. Denn wir fuhren bereits, jetzt in einem ruhigeren Tempo, fast bedächtig; als wollte Landauer sich für all die verlorenen Fahrer entschuldigen. Denn man verliert ja nicht gerne so viele Fahrer. Eigentlich geht das nicht. Selbst ein Fahrer wie Landauer müsse sich irgendwann einmal fragen lassen, warum er derart viele Fahrer verliere. Doch niemand sagte etwas. Eine Art Nachdenken oder stilles Gedenken. Man hörte nur noch vereinzelte Schaltgeräusche.

Aufrücken.

In den Wind.

Zurückfallenlassen.

Und wieder aufrücken.

Denn jeder verlorene Fahrer bedeutete nicht zuletzt ein schnelleres Aufrücken, ein längeres Fahren im Wind; mehr Arbeit für die verbliebenen Fahrer. Ob man darüber schon einmal nachgedacht habe.

Was immer mit der hinteren Gruppe auch geschehen sein mochte: Ob sie einfach stehen geblieben war? Oder umgekehrt war? Oder sie sich in alle Einzelteile aufgelöst hatte. Wer weiß.

Auch der Gedanke, dass Landauer die verschwundenen Fahrer gar nicht hatte finden können, weil sie sich irgendwo versteckt hatten, hinter Büschen oder hinter Bäumen, oder sonst irgendwo, vielleicht in einer verborgenen Einfahrt, um nicht gefunden zu werden, weil sie um nichts auf der Welt auch nur einen Meter weiterfahren wollten.

Als jemand Landauer auf all die Anstiege und Berge ansprach, da antwortete er: Das seien doch keine ernsthaften Berge.

Wie bitte?

Keine wirklichen Berge.

Allenfalls Ansätze von Bergen.

Minigolfanlagen.

Nichts im Vergleich zu den Anden.

Nichts im Vergleich zu den Alpen.

Es war bereits nach sechs Uhr. 237 gefahrene Kilometer. 3400 Höhenmeter. 5367 verbrannte Kilokalorien – und langsam, aber sicher arbeiteten wir uns Richtung Osten, dabei immer noch jeden einzelnen Anstieg, der in unsere Nähe kam, nutzend.

Hoch und wieder runter.

Er demonstrierte die folgenden Anstiege. Als wollte er all den verbliebenen Fahrern zeigen, dass es doch geht. Seht ihr, es geht. In dieser Art demonstrierte er, mit bedächtigen Pedalumdrehungen. Demonstrieren kommt vom Lateinischen demonstrare. Zeigen. Ich zeige euch. So fuhr er voraus. Und so fuhr ich hinterher. Zeigend. Und in diesem Geiste dachte ich auch an meine künftigen Vorträge. Zeigend. Ich zeige nicht mehr nur auf Schaubilder und Grafiken, ich zeige ab jetzt auf mich selbst und auf das Leben. Ich zeige auf meine Beine. Ich zeige auf Landauers Beine. Ich zeige auf Berge und ich zeige auf Bernard Shaw.

Wie bitte?

Bernard Shaw. Ich verweise auf sein Theaterstück *Pygmalion*. Es ist die Geschichte von Professor Henry Higgins, der eine Blumenverkäuferin zur Herzogin machen will. Dank Sprache und dank Bildung. Was für eine rührselige, absurde und dumme Geschichte. Denn heute verhält sich alles genau umgekehrt. Heute ist es die Geschichte einer Blumenverkäuferin, die einen Professor zu einem lebensfähigen Menschen macht. Wie das geht? Indem man ihn *entbildet.* Entrümpelt, entsprachlicht, entgeistigt. Weg mit all den Sprachen und weg mit all den Büchern! Weg damit! Es ist die Geschichte eines Akademikers, der alle Bildung verliert, um heute überhaupt noch leben zu können. Es ist die Geschichte eines Buchliebhabers, der Buch für Buch vergisst, um noch von dieser Welt zu sein. Es ist die Geschichte eines Sprachmenschen, der Wort für Wort verstummt. Es ist die Geschichte eines Mannes, der sich die letzten Reste von Verstand herausprügelt oder herausprügeln lässt, der diese Reste mit letzter Kraft herauspumpt, herauspedaliert, herausfährt.

Sapere aude.

Habe den Mut, dich deines eigenen Verstandes zu bedienen! Nur dass heute alles umgekehrt ist. Habe den Mut, dich deiner eigenen Dummheit zu bedienen! Von ihr zu profitieren, von ihr zu leben, in ihr zu schwelgen. Das demonstriert mein nächster Vortrag. Kommen Sie herein. Hören Sie es sich an. *De-monstrare.* Vom Berg tragen. In aller Sinnlosigkeit und Vergeblichkeit.

Nur dass bei Landauer alles umgekehrt war. Er zeigte, indem er all die Berge mit uns hinauffuhr. Und noch einer, und noch einer … Und das war auch gut so.

Bei einer der folgenden Abfahrten touchierte sein

Knie den Seitenspiegel eines geparkten Autos. Der Spiegel flog durch die Luft, und Landauers Knie begann zu bluten. Der Anblick war kaum zu glauben: der Flug des Spiegels und das blutende Knie. Wie in Zeitlupe. Wir wollten anhalten, doch Landauer drängte weiter. Für ihn nicht der Rede wert. Mit einem Lappen reinigte er die Wunde, schüttelte beide Beine und ging dann mit neuer Kraft in die Pedale. Auch kein Gedanke an den Spiegel. Er lag irgendwo auf der Straße. Wer immer darauf hoffte, Landauer könnte auch nur eine Minute absteigen, der wurde enttäuscht. Er fuhr einfach weiter, ungerührt, im Gegenteil, mit einer gesteigerten Haltung. Jetzt erst recht.

Hoch und wieder runter.

Hoch und wieder runter.

Er simuliere das Hochgebirge.

Die großen Alpenpässe.

Aus reiner Sehnsucht.

So ein Fahrer.

Oder Freude.

Nicht weil das gesund sein soll.

Oder gut sein soll.

Oder weil man irgendetwas damit anfangen oder erreichen kann. Sondern aus reiner Freude. Freude sei ein viel zu schwaches Wort. Besessenheit. Eine sich selbst speisende Besessenheit. Die sich von selbst antreibt.

Ohne Antrieb oder Hilfe von außen. Jede Bewegung erzeugt sich selbst. Und jeder Radfahrer erzeugt eine Bewegung. Selbstbeweger auf Rädern. Vielfahrer. Jeden-Tag-Fahrer. Ich-kann-gar-nicht-anders-Fahrer. Das sei Landauer. Ein Mann für jene Menschen, die ihr sonstiges Leben eigentlich hassen.

Die nicht mehr wollen.

Oder nicht mehr können.

Nichts mehr bewirken können.

Nichts mehr sagen können.

Die fehl am Platz sind.

Oder sonst irgendwie verfehlt.

Ich bin verfehlt.

Du bist verfehlt.

Wir alle sind verfehlt.

Ich solle mir einmal Gedanken machen, so Susan.

Wie bitte?

Ich solle mir einmal Gedanken machen.

Worüber?

Über mich.

Über mich?

Ja, über dich.

Und über uns. Und über unser Leben. Darüber sollte ich einmal nachdenken. Wie sich das anfühlt, lebendig zu sein. Falls ich das vergessen habe. Wie das riecht, wie das schmeckt. Wie schön das ist. Statt mein Leben (und auch ihr Leben) auf einem Fahrrad zu verbringen. Und ich sollte, wenn wir schon darüber reden, einmal über meine berufliche Situation nachdenken.

Worüber?

Über deine berufliche Situation.

Irgendwann sprach sie es offen aus, und indem sie es *einmal* ausgesprochen hatte, konnte sie es wieder und immer wieder aussprechen, in aller Offenheit: der Beruf. Oder Nicht-Beruf. Oder Unberuf. Wie das gehen soll? Wie man davon leben soll? Wo das hinführen soll? Es war ein Dammbruch.

Man muss irgendwann auch *einsehen* können …

Was einsehen?

Und abbrechen können …

Was abbrechen?

Keine Antwort.

Was einsehen? Was abbrechen?

Keine Antwort.

Stattdessen steigt er auf ein Fahrrad.

In der Tat ein Fahrrad.

Und ein Fahrrad ist wie ein Aufbegehren und eine Demonstration: Was, wenn die Welt ein Fahrrad wäre. Was dann alles möglich wäre, an Bewegung und Unmittelbarkeit und Wirkung. Dass man sich dann plötzlich verständlich machen könnte. Schaut her! So fühlt sich das an! Nach nur 40 Kilometern. Und erst recht nach 240 Kilometern. So ist das! Es wäre zumindest der Versuch, eine Vorstellung zu vermitteln, eine bildhaft-körperliche Vorstellung, wie es ist, in einer schwierigen, nahezu unmöglichen Situation zu sein. Steig mit einem Menschen wie Landauer auf ein Fahrrad, und du bekommst eine Ahnung davon, wie das ist. Nur dass die, die nie auf ein Fahrrad steigen, nie eine bildhafte Vorstellung davon *bekommen* werden; und dass die, die in der Tat an einem endlosen Berg auf einem Fahrrad sitzen, einem Außenstehenden nie eine angemessene Vorstellung *vermitteln* können.

Es ist also verfehlt.

Ich bin verfehlt.

Du bist verfehlt.

Wir alle sind verfehlt.

Ob ich nun Fahrrad fahre, weil ich verfehlt bin, oder verfehlt bin, weil ich immerzu Fahrrad fahre. Ein Verfehlt-Fahrender oder ein Fahrend-Verfehlter. Jedenfalls sitze ich auf einem Fahrrad und denke: Ich *sehe* nicht ein. Und: Ich *breche* auch nicht ab. Jedenfalls nicht jetzt.

Und ich betrachte nun das Peloton: Sie sehen auch nicht ein. Sie brechen auch nicht ab. An erster Stelle Landauer, der immer noch blutet: Auch er sieht nicht ein. Auch er bricht nicht ab. Er bricht schon gar nicht ab.

Der Fahrer neben mir – auch er trug ein Bändel. Eine der Besonderheiten der Mitfahrer Landauers. Sie trugen alle Bändel. Und plötzlich drehte er sich zu mir und lächelte mich an. So wie schon lange kein Mensch mich angelächelt hatte. Dann sagte er: Auch diese Tour verdiene heute ein kleines Bändel.

Cyclomanie. Ich hörte dieses Wort. Ich atmete dieses Wort. Cyclomanie. Radsportbesessenheit. Ich hörte es aus Susans Mund. Sie selbst hatte das Wort wiederholt gebraucht, ja sogar geprägt. Ich sei ein Fall fortschreitender Cyclomanie. Radsportbesessenheit. So wie andere dem Glückspiel oder dem Alkohol verfallen, so sei ich ein Radsportverfallener. Wenn einem jeder andere Gedanke oder Sinn abhandengekommen sei … Sie hatte keine Ahnung von Landauer. Sie hatte keine Ahnung von den Bändeln. Sie hatte keine Ahnung von den Menschen in diesem Peloton.

Eine Tour braucht keinen Sinn, um gefahren zu werden. Das Leben braucht keinen Sinn, um gelebt zu werden. Wer hat das gesagt? Nicht ich habe es gesagt, nicht Landauer hat es gesagt, sondern Camus hat es gesagt. Albert Camus. Und ich feile an einem Vortrag zu diesem Thema.

Ein Auto hupte. Landauer machte ein obszönes Zeichen. Er solle das Maul halten und verschwinden. Seine Wut entsprang weniger seinem blutenden Knie, das nun zu schwellen schien; sie galt vielmehr der Störung des Pelotons. Die Ausfahrt war für ihn (selbst jetzt noch) wie ein Musikwerk, eine Ballade. *Ballade en vélo*. So heißt das auf Französisch. Eine Fahrradballade. Eine immer länger andauernde Sinfonie, eine Fahrradsinfonie. Oder wenigstens ein ruhiger Gleichklang. Und jede Störung machte Landauer wütend. So wie ein Dirigent wütend wird, wenn man seine Darbietung stört. Obschon die Auflösungserscheinungen der Tour nun immer deutlicher wurden. Anhalten! Absitzen! Absteigen! Jemand hatte einen Platten. Man sah es nicht, man hörte es nur – in vereinzelten Rufen. Wie Hilferufe aus dem Schlusspunkt der Gruppe. Landauer war schon nicht mehr zu sehen, war nach unten gefahren, während wir stehen blieben und durchatmeten. Eine abziehende Wolke gab den Blick nun frei. Landauer stand über einem Hinterrad gebeugt, öffnete den Schnellspanner, zog das Laufrad heraus, legte es – wie einen Verletzten – auf die Straße, holte von seinem eigenen Rad Werkzeug und einen Reserveschlauch. Hin- und hereilend. Als wollte er die Verzögerung irgendwie in Grenzen halten. Er löste den Reifen von der Felge, zog den defekten Schlauch hinaus, warf ihn ins Gebüsch, ein lästiges Stück Abfall, legte den neuen Schlauch in den Reifen, drückte den Reifen auf die Felge, pumpte auf. All das in einer unglaublichen Geschwindigkeit. Als handelte es sich um einen Notfall. Eine Frage von Leben und Tod. Und wieder zurück aufs Fahrrad. Das Aufsitzen wie ein

Durchatmen. Klack, klack, klack. Nun wieder in seiner Welt, in seinem Element. Aufsitzen! Man hörte die Trillerpfeife. Weiter! Die Kälte aus den Gliedern fahren, in die Kälte hineinfahren, um (mit steigendem Puls) wieder aus ihr herauszufahren.

Die Gruppe bestand immer noch aus einer deutlichen Anzahl von Fahrern, getreue Anhänger und Weggefährten Landauers, darunter auch zwei Frauen, die mit einer stoischen Duldsamkeit und Hingabe fuhren und weiterfuhren und immer weiterfuhren. Wem auch immer zuliebe: ob nun Landauer zuliebe oder sich selbst zuliebe. Oder beiden zuliebe. So fuhren wir weitere Kilometer und Höhenmeter, über die vergilbten Buchstaben einer Bergstraße hinweg: *Jan Ullrich*, der auf dieser Straße gefahren war, ob nun bei einer Tour-de-France-Etappe oder bei einem anderen Rennen. Landauer bedeutete das mit einem Fingerzeig. Vielleicht, um uns aufzumuntern. Oder um das Tempo anzuziehen. Während ein Fahrer hinter mir sagte: Dass er sich gut fühle.

Wie bitte?

Dass er sich nun (zum ersten Mal seit Langem) gut fühle. Warm, geölt und in einem ruhigen Tritt. Frei von Gedanken und Schmerzen. Dass er bei jeder sich bietenden Gelegenheit an der Seite Landauers fahre. Dass er nur noch sporadisch zur Arbeit gehe. Nur noch von

Fall zu Fall. Um einen mühsam erworbenen Trainingszustand nicht unnötig zu gefährden. Nein, er sagte *zerstören*. Um das nicht alles zu *zerstören*.

So kamen wir bei Breisach an die Rheinbrücke. Wegen einer Baustelle war sie für jeden Verkehr gesperrt, selbst für Fahrräder, und diese Nachricht war für die Reste der Gruppe (trotz der neu erwachten Zuversicht) ein Schock. Wir stiegen ab. Wir schauten uns an. Wir blickten ungläubig hinüber. Manche wollten ihre Räder über die Brücke tragen. Andere wären sogar geschwommen. Doch war das unmöglich, und Landauer gab das Zeichen zum Aufsitzen und Weiterfahren, was nichts anderes bedeutete als ein Zurückfahren. Oder zumindest ein weiträumiges Umfahren dieser Brücke. Man hörte wieder die Trillerpfeife. Weiter! Weiter! Und es gab Fahrer, die Landauer vorhielten, dass er die ganze Zeit von der gesperrten Brücke gewusst habe, dass er mit voller Absicht auf sie zugefahren sei, um noch einige zusätzliche Kilometer zu gewinnen, beziehungsweise diese Kilometer herauszuschinden. Kilometer an Umwegen und Umleitungen und an allerletzten Reserven, die er uns abverlangte. Während andere für diese zusätzlichen Kilometer sogar dankbar waren. Eine gesperrte Brücke – immer neue Überraschungen, die sich Landauer einfallen lasse. Immer neue Tiefpunkte, die eigentlich Höhepunkte waren.

Wir fuhren nun Richtung Süden, den Rhein entlang, eine Endlosigkeit, bis wir zu einer befahrbaren Brücke kamen, die wir schließlich überquerten, um dann wieder Richtung Norden zu fahren. Karl, Landauers Assistent, wirkte einsilbig. Man verstand ihn kaum. Er bewegte sich nicht mehr wie ein überdrehter Hund, sondern wie einer von uns. Vielleicht war es die gesperrte Rheinbrücke – sie zehrte nun auch an ihm. Er schien durchzuzählen. Warum auch immer. 7, 8, 9 … Vielleicht suchte er auch nur den Windschatten. 10, 11, 12 … Über 260 gefahrene Kilometer, und er hangelte sich von Windschatten zu Windschatten, während das übrige Feld immer mehr die Geräusche eines in die Jahre gekommen Schiffs von sich gab: ein Knarren, Quietschen und Ächzen. Und Husten.

Zweierreihen.

Aufrücken.

In den Wind.

Und zurückfallen lassen.

Zweierreihen.

Aufrücken.

In den Wind.

Und …

Anhalten. Mitten in einem Dorf ließ Landauer plötzlich anhalten. Fuhr auf zwei Frauen zu, die vor einem Wohnhaus standen. Er fuhr unvermittelt auf sie zu und rief: Bitte Trinkflaschen füllen! Eine einzige durchgehende Bewegung aus dem Nichts: Zweierreihen, Aufrücken … – um dann plötzlich mitten in einem Dorf in die Bremsen zu gehen: Bitte Trinkflaschen füllen! Die beiden Frauen standen perplex. All die Radfahrer vor ihnen. Und Landauer an der Spitze. Sein Knie blutete immer noch. Doch nahmen sie tatsächlich Landauers Trinkflaschen entgegen. Und sie nahmen auch all die anderen Flaschen entgegen. Gingen mit ihnen hinein, ließen Wasserhähne laufen, und kamen wieder heraus. Bis die letzte Flasche gefüllt war. Klack, klack, klack – danke und aufsitzen und weiter.

Bitte Trinkflaschen füllen! Der Gesichtsausdruck der beiden. Wunderschöne Frauen. Kaum jemand würde es wagen, sie unter normalen Umständen anzusprechen. Ihr verwunderter Gesichtsausdruck, als Landauer (mit uns im Gefolge) auf sie zufuhr und ihnen das zurief: Bitte Trinkflaschen füllen! Als hätte sie jemand auf offener Straße gefragt: Würden Sie mich heiraten?

Und wieder Zweierreihen.

In den Wind.

Und wieder aus dem Wind.

Und die Implikationen der gefüllten Trinkflaschen, die ja bedeuten könnten, dass Landauer weitere Kilometer plane, ja, dass wir diese Kilometer schon längst fuhren: Sonderkilometer, Extrakilometer, Kilometer über Kilometer. Nur wegen dieser frisch gefüllten Trinkflaschen.

Landauer würde nicht trinken, wenn andere nicht trinken.

Wie bitte?

Landauer würde nicht trinken, wenn andere nicht trinken oder nichts mehr zum Trinken haben. Genau das würde ich Susan später sagen. Und das sei der Unterschied zwischen diesem Feld und dem Rest der Welt. Ich trinke, und du durstest. Nicht bei uns. Nicht bei Landauer.

Was macht er eigentlich beruflich? – hörte ich jemanden fragen. Ich gestehe, ich hörte diese Frage aus meinem eigenen Mund. Ich weiß nicht einmal, ob ich diese Frage jetzt stellte, denn ich war viel zu müde, um noch irgendwelche Fragen zu stellen – oder ob ich diese Frage bereits vor 100 oder 150 Kilometern gestellt hatte. Was macht Landauer eigentlich beruflich? Und die Antworten waren eine Mischung aus Zurechtweisung und Befremden. Nicht nur, weil es unhöflich ist, eine solche Frage überhaupt zu stellen, schon gar nicht mit dem hässlichen Wort *eigentlich*, sondern weil eine solche Frage im Falle Landauers geradezu grotesk schien. Was sollte oder könnte er anderes sein als ein *Randonneur*, der Inbegriff eines Radfahrers, eines Langstreckenfahrers, einer, der fährt und immer weiterfährt und andere daran mitwirken und teilhaben lässt. Einer, der die Klickpedale bis zum Anschlag einstellt, bis es überhaupt nicht mehr möglich ist abzusteigen. Einer, der fährt, obgleich sein Knie immer noch blutet. Das sei Landauer. Jede sonstige Tätigkeit schien im Vergleich dazu unvorstellbar. Obgleich ein Mensch wie er zahlreiche Berufe ausüben könnte, angesichts seiner Ausdauer und seiner Fähigkeiten.

Welche Berufe?

So die Frage eines Hinterrads.

Unzählige Berufe, hervorstechende Berufe, herausragende Berufe. So die Antwort. Doch was sei all das schon im Vergleich zu einer Radfahrt.

Und wieder ein Auto, das hupte, und Landauer, der sich unendlich über dieses Gehupe echauffierte, weil es so völlig sinnlos und achtlos erschien. Ohne jeden Verstand. Keine Radsportnation! Keine Radsportkultur! Keine Radmanieren! So Landauer, der diesem Auto einige Worte hinterherrief, um dann hinzuzufügen: Wie man in einem solchen Land je vernünftig Fahrrad fahren kann. Wie das gehen soll. Angesichts solcher Autos.

Nun mehr als 270 Kilometer. Ich erschrak über diese Zahl. Und immer neue Abbiegungen. Entgegen aller Erwartungen. Abbiegungen und immer neue Abbiegungen. All die Straßen wie eine rasende Abfolge von Schachkombinationen. Schach! Rochade! Schach! Als würde Landauer mit unseren Rädern und allen verfügbaren Wegen Schach spielen. Hoch, runter; links, rechts. Eine zunehmende Orientierungslosigkeit. Und die Frage: Worauf all das hinauslaufen soll? Als wollte er nun alle gängigen Maße einer gewöhnlichen Ausfahrt endgültig sprengen. Mittlere Gruppe, welliges Terrain, 27er-Schnitt … ins Unermessliche gesteigert.

Schaut her.

Das ist an einem einzigen Tag alles möglich.

Das und noch einiges mehr.

Ich betrachtete meine Radschuhe, die völlig verdreckt waren, während Landauer in unsere Nähe kam und den Assistenten suchte.

Wo er sei?

Wer?

Karl, der Assistent.

Keiner hatte eine Ahnung. Landauer ließ sich weiter zurückfallen und suchte. Fragte die verbliebenen Fahrer. Rief seinen Namen. Karl! Ließ langsamer fahren, ohne jedoch gänzlich anzuhalten; ließ uns einige Minuten in einem Kreisverkehr fahren; noch einmal und noch einmal; falls er dadurch wieder aufschließen könnte …

Er schloss nicht auf.

Er blieb verschwunden.

Ich weiß nicht, ob ich das wirklich sah oder mir das nur vorstellte, Landauers Gesichtsausdruck und sein

Kopfschütteln. Ausgerechnet er, sein langjähriger Begleiter: Stilfser Joch, Furkajoch, Hahntennjoch … Ausgerechnet er. Wie das sein kann. Oslo – Trondheim – Oslo, London – Edinburgh – London. All diese Pässe und Rennen – eine lange Liste denkwürdiger Fahrten, und er lässt einfach abreißen.

Vielleicht sei ihm ja etwas passiert.

Wie bitte?

Ihm etwas zugestoßen oder passiert. Ob nun ein Defekt oder ein Sturz oder etwas anderes.

Ach was.

So tat man das ab. Mit Händen, mit Füßen und mit kaum hörbaren Worten. Ach was.

Für einige Kilometer fuhren wir langsam, kaum mehr als in einem 20er-Schnitt: eine Mischung aus Warten (ob er vielleicht doch noch kommen könnte), Ratlosigkeit und Gedenken. Landauer ließ nach links biegen, und dann noch einmal nach links, um einige Kilometer in die entgegengesetzte Richtung zu fahren, wenn auch nicht auf derselben Straße, auf der wir gekommen waren, so doch auf einer anderen, kleineren Straße. Und niemand konnte ermessen, ob er das nun tat, um den Assistenten zu suchen oder um auf diesem Wege noch einmal einige zusätzliche Kilometer zusammenzubekommen. Suchkilometer oder Gedenkkilometer oder sonstige Kilometer.

Vielleicht eine ausgelassene Pedalumdrehung …

Was?

Eine einzige ausgelassene Pedalumdrehung.

Man sprach immer noch von Karl. Als würde man sich noch einmal aufraffen, sich in Gedanken seiner anzunehmen – oder eine Erklärung zu finden. Nur eine einzige ausgelassene Pedalumdrehung. Das sei es. Eine einzige ausgelassene Umdrehung. Und dann noch eine und noch eine. Dann ein Winken, ein Schwanken oder unmerkliches Rufen, und das Bild des davonziehenden Pelotons. Ein Schiff, das davonfährt. Beziehungsweise ein Schiffbrüchiger, der einem davonfahrenden Schiff noch etwas nachruft.

Er fahre nie mehr wieder. Hörte ich jemanden sagen. Jedenfalls nicht mit Landauer und seiner Gruppe. Nie mehr. Was immer auch passiert sei. Oder auch nicht passiert sei. Dass er nächste Woche nicht einfach wiederkommen und sagen könne: auf ein Neues.

Stille.

Nur das Surren der Räder.

Und einige Namen, die nun gesprochen wurden, Namen, die ebenfalls irgendwann hatten abreißen lassen, nicht irgendwelche Namen, sondern eminente Namen. Einfach abreißen lassen. Aus dem Nichts. Man sprach von ihnen wie von Todesfällen, und stellte ihnen andere Fahrer gegenüber, die *nicht* hatten abreißen lassen, an erster Stelle Karl, der in unzähligen Touren dabei gewesen war, dabei und immer wieder dabei, der jede erdenkliche Distanz, jedes erdenkliche Tempo mitgefahren war. Jahrelang. Zahllose Beispiele seiner Stärke und seiner unermüdlichen Präsenz.

Und Gegenbeispiele anderer Fahrer, die sich unauffällig verabschiedet hatten, die sich in Luft aufgelöst hatten – oder unmerklich langsamer geworden waren, langsamer und immer langsamer, ohne das einräumen zu wollen: aber nein. Alles bestens. An nichts fehle es. Er komme gleich nach. So ein Fahrer. Vor nicht einmal zwei Wochen. Es sei nur die Schaltung, hatte er den anderen bedeutet. Ein Problem mit dem Umwerfer. Sonst nichts. Er sehe die Straße. Er sehe sie deutlich vor sich. Seht ihr. Ich sehe sie. So fuhr er weiter. Er schien sogar zu winken, dann kippte er in den Graben. Wie in Zeitlupe. Ohne auch nur zu versuchen, aus den Klickpedalen herauszukommen. Plötzlich lag er mit seinem Fahrrad im Graben. Ohne Atem, ohne Puls. In seiner Trikottasche steckte eine Luftpumpe. Statt eines Asthmasprays war da nur eine Luftpumpe. Die ganze Zeit hatte er dort sein Spray geglaubt, wollte nach ihm mit letzter Kraft noch greifen. In Wahrheit war es eine Luftpumpe. Minutenlang wurde er wiederbelebt, von einem Autofahrer, der sich als Arzt erwies. Die anderen standen betreten um ihn herum, die Fahrräder lagen kreuz und quer.

In abgehackten, kurzatmigen Sätzen erzählte das jemand. Eine Luftpumpe statt eines Asthmasprays. Um dann hinzuzufügen: *Er fiel friedlich*. Friedlich. So beschrieb er diesen Zusammenbruch, die letzten Meter dieses Fahrers. *Er fiel friedlich*.

Zweierreihen.

Das Surren der Räder.

Und das Wort friedlich.

Wir fuhren weiter und weiter, und noch immer hörte ich dieses Wort. Friedlich. Und das nächste Wort und dann noch eines. Zum Beispiel das Wort *Krankenhaus*. Besuch des kollabierten Fahrers im Krankenhaus. Mit letzter Kraft hörte ich dieses Wort. Ich sah es in vorbeiziehenden Bildern. Am Bett des kollabierten Fahrers. Wie das ausgesehen haben mag. Alle im offiziellen Vereinstrikot. Links und rechts am Krankenbett sitzend. Mit ihren hochgeklappten Radmützen. Eine Art Ehrenspalier oder Peloton – mit Landauer an der Spitze. Und den anderen im Windschatten. Dicht gedrängt am Krankenbett. Mit braungebrannten Armen und Beinen und ausgezehrten Gesichtern. Radfahrergesichter. Und kargen, geduckt gesprochenen Worten: Kopf hoch. Oder: Das wird wieder. Kaum anders als bei einer Ausfahrt. Die Ärzte und Pfleger wie lästige Störungen des Fahrrhythmus. Achtung, Auto! Und Aufrücken! Und Windschatten! Und schneller! So sah ich das vor mir.

Als würde ich selbst bereits in einem Krankenbett liegen. Und der Gedanke war angenehm. Er fiel friedlich.

Noch immer betrachtete ich meine Radschuhe und den vorbeiziehenden Boden. Vielleicht ist das eine der Besonderheiten des Radfahrens: Nicht mehr länger mit den Füßen den Boden zu berühren. Man fährt von Deutschland nach Frankreich und wieder nach Deutschland – und berührt fast nie den Boden. Jede Radtour wie ein Flug – nur Zentimeter über dem Boden. Begleitet von der Angst, irgendwann einmal absteigen zu müssen.

Sekundenweise schlief ich. So wie Lastwagenfahrer für Sekunden schlafen können. Der Kopf schläft – und die Beine bewegen sich weiter. Weiter und immer weiter. Und ich erinnerte mich nun an einen Traum, den ich früher oft träumte: Ich fliege kraft meiner eigenen Arme. Ich fliege nicht besonders hoch, nur einige wenige Meter über dem Boden, über Bäumen und Dächern. Es ist kein leichtes Fliegen, durchaus mit Kraft und Anstrengung verbunden; doch es ist in der Tat ein Fliegen, ein kaum zu glaubendes und gerade noch irgendwie mögliches Fliegen, das man noch lange Zeit durchhalten kann … Ein Traum, den ich früher oft geträumt hatte und den Susan als Zeichen von Entrücktheit und Abgehobenheit zurückwies. Seither habe ich diesen Traum nie mehr geträumt.

64 Kilometer bis Freiburg. Und die Schilder wirkten, als würden ihre Zahlen mit jedem weiteren gefahrenen Kilometer eher zunehmen als abnehmen. Gleichzeitig schien es, als versuchte Landauer dem abzuhelfen, indem er nun wieder verstärkt Berge fuhr, um mit zusätzlichen Höhenmetern ebenerdige Kilometer zu vermeiden. Vielleicht auch mit dem Gefühl: jetzt erst recht. Aus jeder Himmelsrichtung schien er irgendeinen Anstieg oder Berg hervorzuholen, und sei es nur deshalb, um das Gehupe eines Autofahrers aus den Ohren zu bekommen. Oder um einen solchen Autofahrer mit einem solchen Berg zu bestrafen. Oder um uns selbst für irgendetwas zu bestrafen – wofür auch immer. Für alle denkbaren und undenkbaren Eigenschaften und Versäumnisse. Für unser ganzes Leben und für uns selbst. Oder für den Rest der Welt. Oder für Karl, den zurückgelassenen Assistenten. Warum wir nicht auf ihn aufgepasst hatten? Warum wir nicht auf ihn gewartet hatten? Oder für irgendetwas sonst. Ich strafe, du strafst, er straft, sie straft, wir strafen, ihr straft, sie strafen … Wir hätten das singen können.

Die *Landauerrampe*. Alle erschraken bei diesem Wort. Wir zuckten zusammen. Doch irgendjemand aus den Resten des Pelotons sagte so etwas. Landauer fahre zum Abschluss möglicherweise noch die *Rampe* – Landauers Rampe. Der Berg aller Berge. Anscheinend fuhren wir genau in diese Richtung, in ein immer dunkler werdendes Tal, und die Stille im Peloton war jetzt nicht nur die Stille völliger Auszehrung und Erschöpfung, sondern die bleierne Angst vor dieser Rampe. Doch selbst jetzt noch gab es Fahrer, die nicht völlig gegen einen solchen Berg waren. Es sei ja eine Besonderheit, eine solche Rampe zusammen mit Landauer fahren zu dürfen; gemeinsam mit ihm, dem Entdecker, dem Namensgeber eines solchen Anstiegs. Ein Anstieg, den Landauer auch nach Hunderten von Kilometern noch fahren könne. Möglicherweise sei es keine große Kunst, eine solche Rampe am *Anfang* einer Tour zu fahren. Viel interessanter sei jedoch die Frage, ob man sie auch *jetzt* noch schaffe. Jetzt. Nach einigen hundert Kilometern. Wenn selbst erfahrene Fahrer in einer solchen Rampe nicht mehr weiterkommen. Und sogar Autofahrer hier abbrechen. Doch Landauer fahre diese Rampe, *seine* Rampe. In welchem Zustand auch immer. Er fahre sie …

Es sei nicht unmöglich, eine solche Rampe zu fahren. Es sei aber eine Kunst. Die Kunst, die Beine noch einmal zu lockern. Die Kunst, den Puls unten zu halten. Wenigstens für die ersten Meter. Man dürfe in den Anfangspassagen nicht überdrehen. Man müsse sich Reserven zurechtlegen: an Kraft, an Atem, an Bildern – und an sich selbst. Es gelte, nach Ruhepunkten Ausschau zu halten. Die Nerven nicht zu verlieren. Im kleinstmöglichen Gang eine Art Rhythmus zu finden. Und eine Haltung. Und sei es nur eine Haltung zu sich selbst.

So eine Stimme. Und ich versuchte diese Stimme totzuschweigen, mit gebeugtem Kopf totzuschweigen. Totschweigen, totschweigen, totschweigen … Und die anderen versuchten es mit mir.

Eine unendliche Müdigkeit kam über mich. Ich sah Schlaglöcher, denen ich ausweichen wollte, doch ich fuhr mitten durch sie hindurch. Als ob es darauf nicht mehr ankäme, auf einen Platten, auf einen Defekt oder einen Sturz. Im Gegenteil: Es wäre eine Erleichterung. Was könnte Landauer dagegen einwenden oder ausrichten? Nichts. Und ich hörte jetzt lauter Stimmen, die sich mit mir zurückfallen ließen, Stimmen, die *mir* zu gelten schienen. Besorgte Stimmen, aufmunternde Stimmen. Erst waren sie nur neben mir, dann über mir. Wie Ärzte, die sich über mich beugten. Ich saß nicht mehr wirklich aufrecht. Ich bewegte mich eher seitlich aufgestützt, wenn nicht gar liegend, in einer Art Kauer- oder Krankenhaltung oder Krankenbett. Auf dem Weg in einen Operationssaal. Oder wieder hinaus. In irgendein Krankenzimmer geschoben. Für einen Moment glaubte ich sogar, Susan zu sehen. Sie stand im Gespräch mit Landauer. Oder vielleicht auch nur mit einem der behandelnden Ärzte. Was jetzt noch alles zu geschehen habe, hörte ich eine Stimme sagen. Eine endlose Reihe von Untersuchungen und Maßnahmen. Dies und jenes – und noch einiges mehr. Was jetzt alles zu geschehen habe. In meiner jetzigen Lage. Und für einen Moment erkannte ich das ganze Misslingen, nicht nur ein gegenwärtiges, sondern ein lebenslanges Misslingen. Und ich hörte den Satz, ob nun von einem Arzt oder von einem der Mitfahrenden gesprochen: Hätte er nicht etwas anderes studieren können?

Ein Handy klingelte. Es steckte in einer Trikottasche und klingelte. Und dieses Klingeln war wie ein Weckruf. Ein Ruf aus einer anderen Welt. Als wollte dieser Anrufer mit irgendjemandem sprechen, wenn schon nicht mit mir, so doch mit Landauer, um ihm mit ruhigen Worten zu bedeuten, dass es jetzt genug sei. Er möge doch bitte auf jeden weiteren Berg verzichten.

Verzichten?

Einfach verzichten.

Und nach Hause fahren.

Doch Landauer saß ungerührt, in einem kontinuierlichen Rhythmus, in seinem Rhythmus. Bis das Klingeln irgendwann aufhörte. Als wäre das ganz und gar zwecklos. Dafür klingelte es später in einer anderen Trikottasche – ohne dass jemand darauf reagiert hätte. Wir fuhren weiter. In Zweierreihen. Wer immer der Anrufer auch war. Irgendein Angehöriger? Vielleicht auch einer der zurückgelassenen Fahrer? Am Ende sogar Karl. Eine Art Hilferuf. Oder Erklärungsruf, eine Erklärung für sein Verschwinden: eine Schwächephase, nur eine vorübergehende Schwächephase. Mehr war das gar nicht. Aber es geht jetzt wieder. Ich komme gleich nach.

Und ein drittes Handy, das nun klingelte. Jemand erklärte, dass das um diese Uhrzeit (gegen acht Uhr abends) normal sei, all die daheimgebliebenen Angehörigen oder Ahnungslosen, die nicht begreifen, wie eine Tour mit Landauer vonstattengehe. Wie so etwas ablaufe … Deshalb dieses wiederholte Klingeln.

Hoch.
Runter.
Klingeln.
Links.
Rechts.
Klingeln.
Runterschalten.
Hochschalten.
Klingeln.
Er klingelt.
Sie klingelt.
Sie alle klingeln …
Von zuhause aus.
Aus irgendeinem Wohnzimmer heraus.
Ein Acht-Uhr-Abend-Klingeln.

Wo er bleibt?
Er sollte längst zurück sein.
Er klingelt.
Sie klingelt.
Ein Bitt-Klingeln.
Oder Bitte-melde-dich-Klingeln.
Wo-seid-ihr-Klingeln.
In meiner Trikottasche spürte ich mein eigenes Handy, das ausgeschaltet war.
Wie bei der Dijon-Tour.
Und anderen Touren.
Bei nahezu jeder Tour mit Landauer.
Das Klingeln.
Keine Tour ohne dieses Klingeln.
Fast schien es, als würde Landauer noch einmal extra einen Berg fahren, nur um dieses Klingeln aus den Ohren zu bekommen …
Hoch und runter …
Hoch und runter …
Bis endlich Ruhe ist.
Windschatten.
Aufrücken.
Und ein Polizeiauto.
Hinter uns fuhr ein Polizeiauto. Mein Nebenfahrer zeigte das an. Ein Polizeiauto. Ich spürte die Straffung des Feldes, das sich nun akkurat ordnete. Zweierreihen

und geschlossener Verband. Ruhiger Tritt. Um gar keinen Zweifel aufkommen zu lassen: alles in bester Ordnung. Keine Probleme. Falls das Polizeiauto irgendetwas beanstanden sollte: Bremsen, Formation oder Licht. Es war immer noch hell genug. Oder falls man uns auf einen der verlorenen Fahrer ansprechen sollte. Dass da zahlreiche Fahrer auf Wiesen oder in Gräben liegen. Haben Sie das nicht bemerkt? Kümmert Sie das gar nicht? Oder falls da ein Autofahrer seinen zerstörten Spiegel angezeigt hatte. Mein Spiegel. Jemand hat meinen Spiegel zerstört. Oder falls jemand aus dem Feld jetzt rufen sollte: Ich kann nicht mehr. Ich sitze hier seit bald zehn Stunden auf einem Rennrad, in einer Mördertour gefangen. Sehen Sie das nicht? Ich kann nicht mehr. Holen Sie mich da heraus.

Ich selbst war kurz davor, das zu rufen – oder es anzuzeigen, oder einfach auszuscheren und mich zurückfallen zu lassen, in die Obhut dieses Polizeiautos …, das uns nun überholte, sehr langsam und bedächtig, kein beanstandendes, sondern eher ein freundliches, wenn nicht gar ehrerbietendes Überholen. Fast schien es, als würde man Landauer ausdrücklich grüßen. Gute Fahrt. Oder: weiter so. Und ich spürte die Erleichterung im Feld, oder, im Gegenteil, auch eine endlose Müdigkeit und Resignation. Warum man die Chance nicht einfach genutzt hatte.

Polizeiautos.

Zahlreiche Polizeiautos, so hörte ich, ich hörte es wie in Trance oder in einem Traum ... Zahlreiche Polizeiautos, die ein Peloton mit Landauer schon angehalten und seine Ausfahrten unterbrochen hatten. Freiburg – Dijon – Freiburg. Oder Freiburg – Grenoble – Freiburg. Eine Endlosigkeit. Über mehrere Tage ging das. Und plötzlich, auf den letzten Kilometern vor der Heimkehr: ein Polizeiauto, das alle Fahrer anhalten ließ.

Anhalten!

Und sie fragten reihum.

Sind Sie?

Sind Sie?

Bis schließlich ein Fahrer einräumen musste, dass er es tatsächlich war, den man überall suchte, den man bereits seit Tagen vermisste. Er war so müde, dass er es kaum mehr hörte. Er konnte auch nicht in klaren Sätzen irgendeine Frage eindeutig beantworten. Sind Sie überhaupt noch wach? Und sie insistierten weiter: Haben Sie Ihr Handy nicht eingeschaltet? Lesen Sie keine SMS-Nachrichten? Melden Sie sich vor so einer großen Tour gar nicht ab?

Nein.

Nein?

Nein.

Und die beiden bestanden nun darauf, dass er daheim anrufe, auf der Stelle, ob er nun wollte oder nicht, er *musste* anrufen …

Sie rufen jetzt sofort an!

Noch in dieser Minute.

Also telefonierte er.

Traf mit seinen Fingern die Tastatur kaum.

Und telefonierte.

Die anderen Fahrer standen betreten.

Ein händeringendes Telefonat, voller stammelnder Sätze und Halbsätze: Erklärungs- und Beruhigungssätze und Entschuldigungssätze. Während Landauer mit ruhiger Stimme den Polizisten nun Meldung machte: 27er-Gruppe, Freiburg – Grenoble – Freiburg, geschlossener Verband. Als wäre damit alles gesagt, allein schon kraft all der gefahrenen Kilometer. Ob das nicht genug sei? Und er ließ das Peloton (als die Polizei endlich wegfuhr) sofort wieder aufsitzen, mit der Bemerkung: ruhig bleiben. Freundlich bleiben. Und: alles nicht so heiß gegessen wie gekocht. Das sagte er. Was immer in einem solchen Telefonat auch gesagt oder beanstandet werde: alles nicht so heiß gegessen wie gekocht. Und sie fuhren weiter.

Denn dies war nicht irgendein Peloton, in dem wir fuhren, sondern *sein* Peloton. Jetzt hörte ich es: *sein* Peloton. Seine Tour, seine Ausfahrt, seine Streckenführung, seine Höhenmeter, sein Gegenwind – sein

Peloton. Ein Peloton, das man nicht einfach von einem Wohnzimmer aus dirigieren oder aufhalten kann; oder von einem Polizeiauto anhalten lassen kann; ein Peloton, das er sich nicht einfach nehmen lässt, von keinem Anruf der Welt …

Und er fuhr den nächsten Berg. Wie um das noch einmal zu unterstreichen, um diesen Anrufen etwas entgegenzuhalten, all den Daheimgebliebenen, den Sofa- und Wohnzimmerexistenzen. Jedes Klingeln, jede Störung schien ihm ein Aufruf zu einem weiteren Berg, um das noch einmal klarzustellen, was ein Berg überhaupt ist: eine Hölle, ein Grauen, ein fortwährender Schmerz. So wie jeder Sonntagnachmittag daheim auf einem Sofa eine Hölle, ein Grauen, ein fortwährender Schmerz ist, ohne dass man das überhaupt ausspricht oder merkt. Jedes Wort ein Schmerz, jedes Schweigen ein Schmerz, jedes Räuspern ein Schmerz.

Ein Berg ist wenigstens noch ehrlich.

Wie bitte?

Er ist wenigstens ehrlich. Er verlangt genau das, was man ruhigen Gewissens verlangen darf. Man bekommt genau das zurück, was man einem Berg gibt. Und das ist menschenfreundlicher als alles andere, als der Rest der Welt.

Hörst du, Susan. Hörst du?

Doch sie hörte es nicht.

Niemand außerhalb des Pelotons hörte irgendetwas.

Stattdessen sah ich eine vorbeiziehende Tankstelle. Sie war bereits erleuchtet. Und das war für eine Stimme an meinem Hinterrad ein gutes Zeichen, ein Zeichen für eine Art Ende … – ein Ende unserer Tour. Eine erleuchtete Tankstelle, während wir selbst keinerlei Lampen oder Beleuchtung dabeihatten, und es auch nicht mehr allzu lange hell sein würde. Vielleicht noch ein oder zwei Stunden. Höchstens. Landauer würde uns nicht in völliger Dunkelheit fahren lassen. Nicht einmal Landauer würde das tun. Also ein absehbares Ende. Obgleich Tankstellen in der Welt Landauers auch etwas ganz anderes bedeuten können. Sie können sich als Ausgangspunkte erweisen, für weit weitausholende Touren. Freiburg – Dijon – Freiburg. Das begann alles mit einer Tankstelle. Oder Paris – Brest – Paris. Das geht nicht ohne Tankstellen. Sie sind kein Ende, sondern ein Anfang. Anhalten. Absteigen. Trinkflaschen auffüllen. Verpflegung aufnehmen. Und ein paar Stunden Pause. Bis es wieder hell wird. Die Fahrer verteilen sich auf dem Areal, wechseln die Trikots, legen sich irgendwo halbsitzend oder liegend zum Schlafen. Oder trinken Kaffee, vielleicht auch ein Bier. Oder eine Art Dusche, die man auftreiben kann, um sich wieder frisch zu machen. Manche telefonieren: Ich bin’s. Und die daheim Angerufenen fragen sofort: Wo bist du?

An einer Tankstelle.

Was?

Tankstelle.

Tankstelle?

Ja.

Was machst du in einer Tankstelle?

Und er weiß keine Antwort.

Am nächsten Morgen dann ein Frühstück und er fährt weiter. Irgendwo hin. Atemberaubende Distanzen. Freiburg – Dijon – Freiburg. Paris – Brest – Paris. Freiburg – Wien – Freiburg. Oder wohin auch immer. Von Tankstelle zu Tankstelle.

Alles ist bei Landauer möglich, selbst das. Jederzeit kann er auf eine solche Idee zurückkommen, kann auf eine Tankstelle zusteuern und anhalten lassen. Trinkflaschen füllen. Verpflegung aufnehmen. Und einige Stunden schlafen. Vielleicht mit dem Satz: Wir haben nicht einmal angefangen.

Doch er fuhr weiter – und dieses Weiterfahren war wie ein Durchatmen. Keine Tankstelle. Die Straße wirkte harmlos. Sogar die Sonne schien noch, die letzten Reste einer Abendsonne. Wir fuhren durch ein Waldstück und bogen nach rechts. Und schon hörte man die Umwerfer, das Fliegen der Ketten auf das kleine Blatt, in den kleinsten Gang. Von allen Seiten Schaltgeräusche. Ein rastloses Schalten und Schalten und immer weiter Runterschalten, in kleinstmögliche Gänge, die es gar nicht gibt. Alles Weitere war ein Erstarren, angesichts dessen, was nun kam: Landauers Rampe. Von einem Meter auf den anderen geht sie los: die Rampe. *La porta per l'inferno.* Und man steht. Man fährt nicht. Man steht. Oder kippt. Ob nun zur Seite oder nach hinten. Man kippt. Und man kann nicht einmal absteigen oder davonlaufen, da man in Klickpedalen steckt. Mit dem Fahrrad verschraubt und verschweißt. Zum Absteigen zu spät, zum Weiterfahren zu langsam. So beginnt sie, Landauers Rampe.

Sie beginnt mit einem Unentschieden: zwischen nicht mehr absteigen und nicht mehr fahren können. 21 Grad, 22 Grad, 23 Grad … Steigungsgrade, keine Temperaturgrade. Nie gekannte Steigungsgrade. Man bewegt sich nur noch zentimeterweise. So gut wie kein Vortrieb. Steigt mit aller Kraft in die Pedale, ohne jeden Vortrieb. Der Vortrieb ist kaum mehr als ein Trippeln, ein Torkeln, ein Wanken, ein hilfloses Balancieren – ein Beten um letztmögliche Zentimeter. Zeitlupenhafte Pedalumdrehungen. 300 Watt, 400 Watt, 500 Watt. Unglaubliche Wattzahlen, die man treten muss, die man kaum treten kann und auch noch nie getreten hat. Man tritt sie trotzdem. Nein, man tritt nicht, man wuchtet sich, mit dem ganzen Körpergewicht. Ein Wuchten, ein Aufbegehren, ein Zerren … Keiner fährt mehr geradeaus. Jede Bewegung erweist sich als ein Ausweichen: nach links, nach rechts – ein Wegducken, ein Abducken oder Abrutschen in atemberaubender Steilheit.

Ich suche nach Serpentinen, die es nicht gibt. Keine Serpentine weit und breit. Nur eine endlose Rampe, die weiter und immer weiter geht. Also *denke* ich mir die Serpentinen. Ich denke mir den Anstieg in Partituren und in unsichtbaren Linien. Ich lerne, in Serpentinen zu denken, in selbst geschaffenen Serpentinen; suche nach kleinstmöglichen Verflachungen oder notdürftigen Übergängen: Gebirgspfade von links nach rechts, von rechts nach links …

Wir werfen uns gegen die Steigungsgrade. Während es in Wahrheit die Steigungsgrade sind, die sich gegen uns werfen. Sie müssen sich gar nicht werfen. Sie sind von vornherein da. Haushohe Höhenmeter, die sich vor uns auftürmen, in einer irrwitzigen Maßlosigkeit. Immer neue Bilder für diese Maßlosigkeit: eine Sprungschanze, eine Rutsche, eine Dachstiege, eine Nordwand … Während ich immer mehr an meinem Lenker zerre. Als wollte ich mich festhalten. Oder das Rad zurückhalten. Doch ist alles genau umgekehrt. Ich zerre nicht zurück. Ich zerre voran. Bis das Vorderrad in die Höhe geht. Und mit meinem Vorderrad all die anderen Vorderräder. Aufsteigende Vorderräder, links und rechts, wie aufsteigende Drachen.

Die Angst, nach hinten zu kippen, eine Art Looping zu vollziehen, auf die Straße zu krachen. Ich krache. Du krachst. Wir alle krachen: ineinander, übereinander, in einem endlosen Massensturz – ein Mikado verkeilter Räder … Räder, die bereits jetzt vor dem Bersten sind. Das Knarren und Ächzen der Karbonrahmen ist überall zu hören. Sie können in jedem Moment auseinanderbrechen. Ich breche, du brichst, wir alle brechen. Und ich biete noch einmal alle Kraft auf … Obgleich ein solcher Berg gar nicht zu schaffen ist. Mit keiner Kraft der Welt ist dieser Berg zu schaffen. Kein Fahrer der Welt wird das schaffen. Trotzdem biete ich noch einmal alle Kraft auf … – nicht nur, um das Fahrrad irgendwie aufrecht zu halten, es am Leben zu halten, sondern auch um einen Blick zu werfen, einen einzigen Blick nach vorne: Wie lange das noch so geht? 50 Meter, 100 Meter, 200 Meter? Doch ich sehe kaum etwas von der Straße, eine Straße, die für jeden normalen Verkehr gesperrt scheint. Stattdessen sehe ich Landauer. Er fährt leicht versetzt. Fast schwebend. Im Wiegetritt. Vor- und wieder zurückschauend. Er scheint gar nicht mehr Teil dieses Berges, sondern eine Art Wolke oder Schatten. Oder Vermittler. Ja, ein Vermittler. Als könnte er jederzeit vermitteln, ein gutes Wort für uns einlegen. Ich lege ein gutes Wort für euch ein.

Wirklich?

Ja.

Jederzeit scheint er beschleunigen oder sich zurückfallen lassen zu können, jederzeit, in wenigen beiläufigen Pedalumdrehungen, um das Feld wieder zusammenzuführen. Für ihn alles nur Turnübungen. Während der Rest der Welt zu rutschen scheint. Selbst Steine und Bäume am Straßenrand befinden sich kurz vor dem Hinabrutschen. Der ganze Berg scheint zu rutschen. Und zu atmen. Stoßatmungen: neben mir, hinter mir, über mir. Stoßatmungen wie Stoßgebete. Ausgespuckte Halbworte oder Halblaute. Dazu das Piepsen der Pulsmesser. Dass das so nicht geht. Es geht nicht mehr. Schluss. Aus. Exitus. Und man fährt dennoch weiter. Obwohl das gar nicht mehr möglich ist. Das ist Radfahren. Wenn es eigentlich gar nicht mehr möglich ist. Wenn man nur noch ein Scheinfahrender ist. Ein Schein vor anderen und ein Schein vor sich selbst. Er scheint, ich scheine, wir alle scheinen – bis zuletzt.

Und wieder dieser Geschmack im Mund … Blutgeschmack. Als würde ich von innen verbluten. Und ich zähle, um davon abzulenken, die Meter. Höhenmeter. Wie viele Höhenmeter? Man misst nur noch in letzten, sich endlos hinziehenden Höhenmetern. Oder Verzweiflungsmetern … Obgleich es völlig absurd ist, hier überhaupt noch zu zählen. Warum sollte man so etwas tun? 817, 818, 819 … Zahlen wie ein Gebet. Oder wie eine abstruse Mathematikaufgabe. Als säße ich zuhause und rechnete. In aller Sinnlosigkeit und Vergeblichkeit. Doch ich rechne ... 820, 821, 822 ... Rechne nach vorne und wieder zurück ... Rechne vortragslose Zeiten ... 823, 824, 825 ... Rechne in Tagen, Monaten und Jahren – ohne einen einzigen Vortrag. Rechne mit Menschen, die mich nicht mehr anrufen. Rechne mit Sparbüchern, die es nicht gibt. Rechne mit unerwarteten Einfällen, die nicht kommen. Rechne mit Büchern, die ich nicht schreibe. Rechne mit revolutionären Vorträgen, die ich nicht halte. Oder mit Vorträgen, die ich vielleicht doch noch halten könnte. Ungeahnte Vorträge. Vorträge über *Pygmalion* und Bernard Shaw. Vorträge über einen Menschen wie Landauer. Ich werde Susan davon berichten: von einer völlig neuen Art von Vorträgen. Dass sich die Dinge ab jetzt ändern werden.

Ändern?

Ja, ändern.

Und ich sehe ihre Verwunderung darüber. Vielleicht ist es auch Erleichterung. Nach all den Jahren. Als wäre sie selbst jahrelang auf einem Rennrad gesessen, ohne dass irgendjemand das gemerkt hätte. Endlich merke ich es. Ich sehe ihre Verlorenheit und Traurigkeit. Doch ich sehe auch ihre Erleichterung und Zuversicht. Sie geht ins Bad. Als hätte sie Tränen in den

Augen, dreht alle Wasserhähne auf und wäscht sich. Dann kommt sie wieder zurück und legt sich zu mir ins Bett. So liegen wir nebeneinander. Wie schon lange nicht mehr. Susan und ich. Mit diesem Anblick falle ich vom Rad. Ein Verliebter. Vielleicht sogar zwei Verliebte, die sich fallen lassen. *To fall in love.*

Die Klickpedale lösten sich von selbst. Und mit mir fielen die anderen Räder. Jeder Sturz war ein Aufkrachen. Aber auch eine hörbare Erleichterung. Und sei es nur meine eigene Erleichterung, dass es andere mir gleichtaten und ebenfalls stürzten. In ihren schönsten Gedanken. Neben mir ein Fahrer, der noch einmal aufzustehen versuchte. Doch er rutschte sofort wieder ab und blieb liegen.

Wir lagen. Jeder in seinen eigenen Sätzen. Oder Bildern. Nur Stoßatmungen. Sonst nichts. Kein Landauer. Er fuhr einfach weiter. So sagte man. Von Fahrrad zu Fahrrad, von Graben zu Graben. Er fährt weiter. Und das war gut so. Ich sah ihn noch als Schatten oder in Umrissen weit über uns – gefolgt von zwei anderen Fahrern, die versuchten, sein Hinterrad zu halten. Sie versuchten vergebens …

Während wir anderen unten lagen. Nebeneinander. Oder hintereinander. Als hätte uns eine Sturmbö von den Rädern gefegt. So lagen wir. Wie in einem Krankenhaus oder Lazarett. Mit aufgestützten Köpfen und einem Gefühl der Erleichterung – aber auch Verlegenheit. Hier einfach zu liegen.

Ich wollte mich aufrichten, zu meinem Fahrrad kriechen und nach Hause rollen. Ich schaffte es nicht einmal aus dem Graben. Und als ich es doch irgendwann schaffte, da deutete man nach unten, auf Landauer, der sich schon wieder in der Abfahrt befand, in einer rasenden Abfahrt.

Ihr hättet ihn sehen sollen.

Später hörte ich das Wort Sackgasse. Landauers Rampe ende oben in einer Sackgasse. Deshalb fahre er jetzt wieder runter.

Eine Sackgasse?

Ja, eine Sackgasse.

Und der Gedanke ärgerte mich. All das Gerede um diese Rampe, und man kann oben nicht einmal weiterfahren – es ist alles nur eine Sackgasse. Ich hatte mir diese Rampe als eine Art Durchbruch oder Kulminationspunkt vorgestellt – und sie war nichts anderes als eine Sackgasse.

Die meisten standen nun wieder bei ihren Rädern. Es war eher ein gebeugtes Abstützen als ein ernsthaftes Stehen. Wir waren windschiefe Erscheinungen. Während Landauer die Rampe *noch einmal* fuhr. Jemand zeigte nach oben: Er fährt sie noch einmal. Und er tue das nicht, um irgendjemanden damit zu beeindrucken oder zu gefallen – er tue es für sich selbst.

Später sammelte er uns wieder ein. Wir fuhren gemeinsam nach unten. Vorbei an Schildern, deren Tragweite ich erst jetzt wahrnahm: Stopp! Gefahrenstraße! Befahren verboten! Warum baut man dann eine solche Straße überhaupt hin?

Unten im Tal fügte sich das Peloton wieder zusammen. Als wäre kaum etwas geschehen, die Rampe nur ein aufblitzender Gedanke. Aus dem Augenwinkel sah ich Schürfwunden. Es waren nicht meine Beine, sondern die Beine eines anderen. Nur ein paar Schürfwunden. Alles im grünen Bereich. So schaute er mich an. Mit einem Lächeln. Wir fuhren weiter, in einem ruhigeren Tempo, ein Tempo, das so gemäßigt war, dass es mir wie eine Art Auszeichnung erschien.

Mit der wachsenden Dunkelheit erlaubte Landauer noch eine Pinkelpause. Er lehnte sein Fahrrad an einen Baum und ging in die Büsche. Als er wieder zurückkam, bemerkte ich ein Hinken, ein deutliches Hinken. Als würde ein unangreifbarer Mensch mit einem Male ins Straucheln geraten, in einen Zustand unbegreiflicher Schwäche und Hilflosigkeit. Aber er hinkt ja. Und das war nicht nur sein blutendes Knie, sondern eine tiefergehende Verletzung. Mit jedem Schritt sackte er tiefer in sich ein. Doch keiner wagte, darüber zu sprechen. Oder ihn auch nur anzuschauen. Er eilte zu seinem Fahrrad zurück. Ein überstürzter Rückzug. Trotz der gesenkten Blicke. Als würde er vor seinem eigenen Anblick davonlaufen. Bis er wieder bei seinem Rad stand. Das Aufsitzen war ein Durchatmen. Klack, klack, klack. Aufsitzen! Und weiter! Das sei nichts. Man möge ihn mit Fragen verschonen. So setzte er sich aufs Rad. Anscheinend nur ein kleiner Unfall. So hörte ich. Eine Fraktur der Hüfte. Vor vielen Jahren. Bei einem seiner zahllosen Stürze. Bei irgendeinem kleineren Rennen. Nicht der Rede wert. Wenn man jedes Jahr 20 000 Kilometer in den Beinen hat. Dann kann das ja mal vorkommen. Und er fuhr wie zum Beweis noch einmal eine letzte kleine Erhebung.

Gegen neun Uhr abends kamen wir an das Heidegger-Denkmal. Keine Tankstelle, keine weiteren Berge mehr, sondern das Heidegger-Denkmal. Und ich dankte Heidegger dafür. Von etwa 30 Fahrern waren noch acht übrig. Landauer machte eine Art Verbeugung: So, das war sie. Die mittlere Gruppe. 345 Kilometer, 4367 Höhenmeter. Das war sie. Eine gewisse Verlegenheit war ihm plötzlich anzusehen, nicht so sehr, weil diese Tour alle Maße und Vorstellungen gesprengt hatte, sondern weil sie jetzt vorbei war. Einfach so. Von einem auf den anderen Meter. Weil er jetzt nicht wusste, was tun. Oder wohin. Er stand achselzuckend. Er sagte noch: Gute Nacht. Dann fuhr er davon. Es gab Fahrer, die ihm nachriefen: Danke! Und sie meinten das ernst.

Als ich nach Hause kam, war Susan in Auflösung. Was passiert sei? Ob ich einen Unfall hatte? Warum ich sie nicht angerufen hatte? Dass sie es auf meinem Handy immerzu versucht hatte. Warum ich nicht reagiert hatte? Dass ich schrecklich aussehen würde. Völlig bleich. Halb tot. Blutverschmiert. Wie ein Geist. Ausgezehrt und unterkühlt. Was mit meinem Trikot sei? Es war kaum wiederzuerkennen. Die Buchstaben völlig verschmutzt, die aufstrebenden Pfeile nicht mehr zu sehen.

Meine Rede von Landauer – sie hörte es gar nicht. Ließ Wasser in die Badewanne laufen. Ich schaffte kaum die wenigen Meter in die Wanne. Mit geschlossenen Augen sank ich ins Wasser.

Sägeblatt.

Was?

Ich erklärte ihr, was das bedeutet.

Sägeblatt.

Sie wollte es nicht hören.

Hoch und runter.

Hoch und runter.

Runter und wieder hoch.

Jeden erdenklichen Anstieg nutzend.

Manche Berge sogar zweimal fahrend, von der einen Seite und dann noch einmal von einer anderen Seite. Und die andere Seite meist noch schlimmer als die ursprüngliche Seite. Als wäre einmal Berg nicht genug. Also zweimal oder dreimal. Nichts hinter sich lassend, sondern auf die Dinge wieder zurückkommend. Wieder und wieder. Das bedeutet Sägeblatt. Landschaften, Fahrräder und Fahrer zersägend. Nur meterweise nach Hause kommend, vor lauter Anstiegen, Seitentälern und Bergen. Das sei Landauer. Wie eine Erscheinung aus einer anderen Welt. Jenseits der Schwerkraft.

Ruhig bleiben.

Atmen nicht vergessen.

Rhythmus halten.

Lächeln.

Und freundlich bleiben.

Eine Steigung sei eine Frage von Balance und Rhythmus, ein Rhythmus von Pedalumdrehungen und Atem. Die Kunst der richtigen Gangwahl, das Herstellen von Leichtigkeit, bei aller Steilheit. Bis man einen blutigen Geschmack im Mund hat und Bäume nur noch schwarzweiß sieht. Das sei Landauer. Ein Pfiff mit der Trillerpfeife, und er lasse aufsitzen. Sammeln und wieder aufsitzen. Und weiter! Hoch und runter. Hoch und wieder runter. 345 Kilometer, 4367 Höhenmeter. Eine Tor-Tour. Ein Himmelfahrtskommando. Und die *Landauerrampe*. Wie ein Damoklesberg über allem. Angstrampe, Schreckensrampe, Monsterrampe. Er fuhr sie tatsächlich.

Wir fielen friedlich.

Und wieder aufsitzen. Und weiter. Hoch und wieder runter. Jede denkbare Straße nutzend. Von wegen Helmpflicht. Von wegen welliges Terrain. Von wegen mittlere Gruppe. Oder gemütliche Ausfahrt …

Man muss ihn aus dem Verkehr ziehen.

Wie bitte?

Man muss ihn aus dem Verkehr ziehen.

Das jedenfalls war Susans Meinung.

Für sie war das eine Art Selbstmord. Ein organisierter, kollektiver, versuchter Selbstmord. Für mich war es etwas völlig anderes.

Niemand werde bei ihm zurückgelassen. Wenigstens das wollte ich ihr noch sagen, dass niemand bei Landauer so ohne Weiteres zurückgelassen werde. Und das sei eine Besonderheit, ja sogar eine Menschenfreundlichkeit.

Ist es das?

Ja!

Und selbst die Trillerpfeife fand in meinem Bericht noch ihre Berechtigung.

Er sei ein *Randonneur.*

Beziehungsweise ein *Rouleur.*

Ein rollender Mensch.

Einer, der fährt und immer weiterfährt.

Und andere daran teilhaben lässt.

Was ein Schlussfahrer ist, wollte ich ihr noch erklären, und ein geschlossener Verband. Sie wollte es nicht hören. Und was all die Bändel an den Handgelenken der Fahrer bedeuten. Dass ich im Geiste selbst eine Art Bändel trug. Nach der heutigen Tour trug auch ich ein solches Bändel. Sie hörte nicht zu. Auch als ich ihr mitteilte, dass sich die Dinge nun ändern werden: mein Leben, ihr Leben. Alles wird sich ändern. Sie hörte nicht zu. Nur als ich noch einmal den Namen Landauer erwähnte, da sagte sie: Ich sei ihm ja völlig verfallen.

Mit einem letzten Kraftakt schaffte ich es aus der Badewanne. Der Weg ins Bett war mehr ein Schwanken, ein Pausieren, ein Innehalten und Festhalten als ein Gehen. Ich schlief bis in den Vormittag hinein.

Rennradtreff. Christi Himmelfahrt. Der Radverein lädt ein. Auch Nichtmitglieder sind willkommen … Ich kehrte nicht mehr wieder, jedenfalls für lange Zeit, weder an einem der folgenden Feiertage noch an einem Samstag oder Sonntag. Ich mied das Heidegger-Denkmal. Sogar den Namen Heidegger. Und das Fahrrad stand monatelang unberührt im Keller.

Ein Jahr später wagte ich einen neuen Versuch, fuhr an einem Samstag vage Richtung Radtreff, folgte einem anderen Rennradfahrer, der tatsächlich, je länger ich ihm folgte, zu dem Treffpunkt fuhr. Ich hielt mich im Hintergrund, fern sämtlicher Hinterräder, stand abseits, betrachtete das Denkmal, so, als wäre ich in der Tat mehr an diesem Denkmal interessiert als an allem anderen. Wieder das Heransurren all der Rennräder, von links, rechts, vorne, hinten. Fahrrad auf Fahrrad. Das Beäugen der Waden und Schaltwerke. Die glänzenden Speichen und Sonnenbrillen. Wieder das Sprechen der Tourenführer vom Sockel des Denkmals herab: drei Gruppen. Eine langsame Gruppe mit einem 23-Stundenschnitt, eine mittlere Gruppe mit einem 27er-Schnitt und eine schnelle Gruppe mit einem 30er-Schnitt. Wieder das Einrasten der Radschuhe in die Klickpedale (klack, klack, klack …) und dann – all die Räder nun kreuz und quer fahrend – das Suchen und Finden der jeweiligen Gruppen: langsame Gruppe, mittlere Gruppe, schnelle Gruppe.

Ich fuhr in der langsamen Gruppe, dezidiert in dieser Gruppe. Tatsächlich fuhren wir in aller Gemächlichkeit, kaum mehr als 23 Stundenkilometer. Wir fuhren ohne jede Anstrengung. Nach so langer Zeit erlebte ich die Unwirklichkeit von all dem: der Gruppenführer, die Zweierreihen, die eifrig pedalierenden Fahrer, ihr leichtes Nicken. Als würden wir in einer Schulklasse sitzen. Wie ein fahrendes Klassenzimmer oder ein rollendes Büro. So wie mir alle Büros seit einiger Zeit wie ein Peloton erschienen, Erinnerungen an ein Peloton – und nicht nur die Büros, sondern jede Anordnung von Menschen: Ehepelotons, Familienpelotons, Berufspelotons. Pelotons neben Pelotons. Es gibt gar keinen Unterschied …

Zum ersten Mal dabei?

Nein.

Aus Göttingen?

Nein.

Wieder derartige Fragen, doch ich gab nun andere Antworten. Beginnend mit meinem Namen: Frank Staiger. Dass das mein Name ist, mein eigener Name, und keine Fahrradmarke. Und man nahm das zur Kenntnis. Während ich nach Landauer Ausschau hielt, obgleich es eigentlich offensichtlich war, dass er nicht zugegen war, dass er niemals eine derartig gemächliche Gruppe führen könnte. Nicht Landauer. Später fragte ich dann direkt nach ihm, und die anderen Fahrer horchten nun auf.

Da fragt einer nach Landauer.

Landauer?

Ja, Landauer.

Mehr noch, da ist einer …, der eine Ausfahrt mit ihm leibhaftig erlebt hat.

Wirklich?

Ja.

Wann? Wo? In welcher Gruppe? In welchem Jahr? Wie viel Kilometer? Und Höhenmeter? Irgendwelche besonderen Vorkommnisse? All das wollte man genau wissen. Als ich die Rampe erwähnte, da schien man elektrisiert. Ob ich wirklich diese Rampe gefahren sei?

Ja.

Wenigstens zum Teil.

Und ich hörte im ganzen Fahrerfeld das Wort Rampe. Die Rampe, die Rampe, die Rampe … Während ich nur erfahren wollte, wo er denn nun sei?

Wer?

Landauer.

Und je länger wir fuhren und je mehr Fahrer ich befragte, desto deutlicher wurde, dass kaum jemand eine wirkliche Ahnung hatte. Nicht einmal eine unwirkliche Ahnung. Niemand konnte etwas Genaues sagen. Er sei wahrscheinlich …

Ja?

Unterwegs.

Unterwegs?

Auf irgendeiner Tour.

Auf welcher Tour?

Auf zahllosen Touren, die für einen Fahrer wie Landauer infrage kommen könnten. Vielleicht befinde er sich im Moment sogar auf einer der großen Routen …

Auf welchen Routen?

Bis in die Türkei oder nach Indien …

Indien?

Oder sonst irgendwo. Möglicherweise mit ein paar Weggefährten. Jedenfalls führe er keine Gruppen mehr.

Nein?

Nein.

Weder 27er-Schnitt noch 30er-Schnitt oder sonst irgendeinen Schnitt. Ob *er* das selbst so entschieden hatte oder man ihm all diese Gruppen nach und nach genommen hatte: erst die schnelle Gruppe, dann die mittlere Gruppe, schließlich die langsame Gruppe. Niemand konnte oder wollte etwas dazu sagen. Anscheinend hatte er sämtliche Lizenzen des Radsports endgültig verloren. Man hatte sie ihm alle genommen.

Genommen?

Ja, genommen.

Ich hörte das Wort Nachschulung.

Landauer hätte sich ja mit einer Nachschulung einverstanden erklären können. Vielleicht hätte er dann die

Gruppen wieder zurückbekommen. Wenn er sich nur aufrichtig darum bemüht und Besserung gelobt hätte. Sie, die das sagte, fand (trotz seiner erwiesenen Fähigkeiten) seine Fahrweise zumindest fragwürdig.

Fragwürdig?

Ja, fragwürdig. Er hätte ja irgendwann einmal mit sich reden lassen können, oder Hilfe annehmen können. *Seht ihr nicht. Der Mann braucht Hilfe.* So klang das. Als würde ein Mensch (wie Landauer) mit jeder Pedalumdrehung eigentlich nur um Hilfe rufen. Hilfe! Hilfe!

Noch bevor ich etwas dazu sagen konnte, hörte ich wieder das Wort Nachschulung. Man habe ihm das mehrfach angeboten: ein Gespräch und dann eine Nachschulung. Was immer damit auch gemeint war, der Gedanke schien absurd: Landauer zusammen mit Grundschülern auf einem Verkehrsübungsplatz. Ein Polizist zeigt, wie man abbiegt und bremst. Als hätte man zu Beethoven gesagt: bitte in den Musikunterricht. Bitte in die Nachschulung.

Doch man hörte das nicht, oder wollte es auch nicht hören, und mit den Kilometern unserer Ausfahrt fiel der Name Landauer immer seltener. Die Haltung der Fahrer auf ihren Rädern glich nun einem entspannten Strecken und Dehnen – im angenehmen Fahrtwind. Fern jeder Höllenfahrt. Er schien bereits weit weg. So unvermittelt er irgendwann einmal beim Heidegger-Denkmal aufgetaucht war, so selbstverständlich (ja fast gleichgültig) behandelte man jetzt seine Abwesenheit. Als wäre er schon gar nicht mehr. Vielleicht ist das eine der Besonderheiten des Radfahrens. Man ist sehr schnell weit weg: weg von sich selbst und weg von den anderen. Als wäre man nie irgendwo gewesen. Das Radfahren als Ganzes ist bedeutsamer als die einzelnen Radfahrer; die Summe von all dem gewichtiger als deren Einzelteile. Landauer wäre der Erste gewesen, der das unterschrieben hätte. So ist es! So ist es!

Irgendjemand erzählte noch: Er habe vor einigen Wochen einen Freund in einer anderen Stadt besucht, weit weg von hier, und mitten in einer Kreuzung sei jemand auf ihn zugefahren, aus dem Nichts. Er war schweißüberströmt. In tänzelnder Ruhelosigkeit sei er um ihn herumgefahren. Ohne abzusteigen. Seine Beine steckten in Klickpedalen. Er trug das Trikot eines Radvereins. Sein Rennrad hatte zahlreiche Aufschriften. Er wirkte orientierungslos. Als hätte man ihn soeben aufgeweckt. Offensichtlich war er schon seit Stunden (wenn nicht seit Tagen) unterwegs gewesen, im Taumel einer atemberaubenden Tour, nach zahlreichen Abfahrten und Steigungen. In immer enger werdenden Kreisen sei er um ihn herumgefahren und hatte ihn gefragt: Wo bin ich?

Wie bitte?

Wo bin ich?

Und als er die Antwort endlich hatte, da sei er einfach weitergefahren.

Ich bin mir sicher, das war Landauer.

Wirklich?

Oder ein Mensch wie Landauer.

Vielleicht sei er auch krank.

Hörte ich jemanden sagen.

Oder verletzt. Oder gestürzt.

Ein Fahrer seines Kalibers stürze hin und wieder. Angesichts gewagter Abfahrten. Oder cholerischer Autofahrer. Oder warum auch immer. Allein schon aus statistischen Gründen. Wer so viel fährt, der stürzt irgendwann.

Und der Gedanke ließ mich nicht mehr los. Er besorgte mich geradezu. Er ist gestürzt. Bei einer seiner zahllosen Touren ist er von der Fahrbahn abgekommen und schwer gestürzt. Er liegt in einem Krankenhaus, mit furchtbaren Frakturen, und lässt das verheimlichen, weil er *so* auf keinen Fall gesehen werden will, nicht in einer solchen Hilflosigkeit und Hinfälligkeit. Und Fahrradlosigkeit. Wochen- oder monatelang in einem Krankenbett. Genagelt, geschraubt, fixiert. Er würde dort zugrunde gehen, nicht wegen seiner Verletzungen, sondern wegen der fortgesetzten Abstinenz …

Und ich frage mich, wer ihn damals, als er die Kurve falsch angesteuert und sich die Schulter gebrochen hatte, wer ihn damals im Krankenhaus besucht hatte? Und wer die Blumen an sein Bett gestellt hatte? Wer das gewesen war? Ich stelle *sie* mir vor. Eine unscheinbare Frau. Vielleicht eine der stoischen Mitfahrerinnen aus der mittleren Gruppe. Oder ich stelle *ihn* mir vor. Vielleicht war es ja ein Mann. Und ich frage mich, ob es möglicherweise auch jetzt jemanden geben könnte, der ihm Blumen bringt. Oder Blumen bringen lässt. Und ob Landauer der Herkunft der Blumen dieses Mal vielleicht sogar nachgeht, sich danach erkundigt, wer ihm diese Blumen gebracht haben könnte, sich darüber sogar freut, statt die Fenster öffnen zu lassen, um durchzuatmen.

Ich sehe ihn in zahllosen Bildern: Sei es nun in einem Krankenhaus, wie sich seine Gesichtsfarbe dort immer mehr auflöst, sich der Farbe der übrigen Patienten angleicht, wie er in einem endlosen Krankenbett mehr und mehr entschwindet … Oder ich sehe ihn in dagegen aufbegehrenden Bildern. Wie er das Krankenhaus einfach verlässt. Gegen den Rat der Ärzte. Trotz seiner zahlreichen Verletzungen. Er verlässt das Krankenhaus. Und sitzt schon am nächsten Tag wieder auf einem Fahrrad. Wo sonst? Und fährt und fährt und fährt …

Oder ich sehe ihn jenseits aller Krankenhäuser, wieder in seinem eigentlichen Element, wenn beispielsweise in einer Zeitung von spektakulären Touren die Rede ist, ob nun in den Anden oder in der Mongolei, dann sehe ich ihn vor mir: Landauer, der genau solche Touren fahren könnte; wer sonst, wenn nicht er. Landauer, der eines Morgens aufsteht und einfach aufbricht, aus dem Nichts, nicht zu irgendeiner mediokren Tour, sondern zu gewaltigen Distanzen, zu Strecken von kontinentalen Ausmaßen, ob nun in die Türkei oder Mongolei oder über die Anden; oder um die ganze Welt; Landauer, der aus dem Nichts und ohne irgendjemandem etwas zu sagen, auf ein Rad steigt und einfach losfährt und weiterfährt und immer weiterfährt ... – bis er vom Fahrrad fällt oder er irgendwann so weit von zuhause entfernt ist, dass eine Rückkehr (zumindest mit dem Fahrrad) kaum mehr möglich ist.

Ohne jemals zurückzukehren und ohne irgendjemandem etwas davon zu sagen. Ohne sich selbst irgendwas zu sagen. Er steigt einfach auf ein Rad und fährt los – und kehrt nicht mehr wieder. Und er weiß es selber nicht einmal.

Wenn ich steile Berge fahre, dann sehe ich ihn manchmal vor mir, oder besser neben mir, an meiner Seite, wie eine Erscheinung aus einer anderen Welt, jenseits aller Schwerkraft: ruhig bleiben. Atmen nicht vergessen. So spricht er mir zu. Fast zärtlich. Rhythmus halten. Runterschalten und Lächeln. Diese Sätze höre ich dann. Oder glaube sie zu hören. Dann fährt er wieder davon, in wenigen, fast beiläufigen Pedalumdrehungen, ist dann nicht mehr zu sehen, meinem Blick entschwunden.

Der Autor dankt dem Förderkreis deutscher Schriftsteller in Baden-Württemberg für die Unterstützung der Arbeit an diesem Buch.

Bibliografische Information der Deutschen Nationalbibliothek
Die Deutsche Nationalbibliothek verzeichnet diese Publikation in der Deutschen Nationalbibliografie; detaillierte bibliografische Daten sind im Internet über http://dnb.dnb.de abrufbar.

4. Auflage

Dischingerweg 5 · D-72070 Tübingen

Internet: www.kloepfer-narr.de
eMail: info@kloepfer-narr.de

CPI books GmbH, Leck

ISBN 978-3-7496-1036-5 (Print)